아이가 주인공인 책

아이는 스스로 생각하고 매일 성장합니다.
부모가 아이를 존중하고 그 가능성을 믿을 때
새로운 문제들을 스스로 해결해 나갈 수 있습니다.

〈기적의 학습서〉는 아이가 주인공인 책입니다.
탄탄한 실력을 만드는 체계적인 학습법으로
아이의 공부 자신감을 높여 줍니다.

아이의 가능성과 꿈을 응원해 주세요.
아이가 주인공인 분위기를 만들어 주고,
작은 노력과 땀방울에 큰 박수를 보내 주세요.
〈기적의 학습서〉가 자녀 교육에 힘이 되겠습니다.

나는 식당을 열어
서 고아원 아이들을 그리고
도와 줄겁니다.
아이돌이되어 웃게 해줄겁니다
성우도되어 어린이들웃게 할겁니다

조심조심 착은히 통
해야된다.

숙제가 하기 싫었는데 매미소리덕에
한 번 기운이좋아졌다

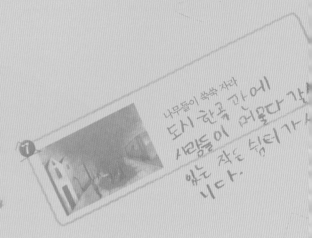

나무들이 쏙쏙 자라
도시 한곳 가에
시민들이 머물다갈
있는 작은 쉼터가시
니다.

뾰롱

다섯친구들을 아주 용감하
다. 다섯친구들 ◎ ✕ ☺
☆ 너무 좋다.

어이없이 소원을빌어의
이제 나무를 잘 패세요.

그 다섯 명이
셀줄도 몰르고
덤벼서 너무와
피고 억울해
또 만나면 혼
내줄거야
호랑이

언제	새벽 5시에
어디에서	집에서
누구와	나와
무슨일	더위서 새벽5시에일어났다

[기적의 독서 논술] 샘플을 먼저 경험한 전국의 주인공들

강민준 공현욱 구민서 구본준 권다은 권민재 김가은 김규리 김도연 김서현 김성훈
김윤아 김은서 김정원 김태완 김현우 남혜인 노윤아 노혜욱 류수영 박선율 박세은
박은서 박재현 박주안 박채운 박채환 박현우 배건웅 서아영 손승우 신예나 심민규
심준우 양서정 오수빈 온하늘 원현정 유혜수 윤서연 윤호찬 이 솔 이준기 이준혁
이하연 이효정 장보경 전예찬 전헌재 정윤서 정지우 조연서 조영민 조은상 주하림
지예인 진하윤 천태희 최예린 최정연 추예은 허준석 홍주원 홍주혁

"
고맙습니다.
우리 친구들 덕분에 이 책을 잘 만들 수 있었습니다.
"

안녕? 난 **뚱**이라고 해. 2019살이야.

디자이너 비따쌤이 만들었는데, 길벗쌤이 날 딱 보더니 엉뚱한 생각을 많이 할 것 같다고

'뚱'이란 이름을 지어 줬어. (뚱뚱해서 지은 거 아니야! 화났뚱) 나는 이 책에 가끔 나와.

새싹뚱, 글자뚱, 읽는뚱, 쓰는뚱, 생각뚱, 탐구뚱, 박사뚱, 말뚱, 놀뚱, 쉴뚱! (💩 **똥** 아니야! 잘 봐~)

너희들 읽기도 쓰기도 하는 둥 마는 둥 할까 봐 내가 아주 걱정이 많아. 그래서 살짝뚱 도와줄 거야.

같이 해 보자고!! 뚱뚱~~

초등 문해력, **쓰기**로 완성한다!

기 적 의
독서 논술

길벗스쿨

기적의 독서 논술 **1**권 초등 1학년

초판 1쇄 발행 2020년 2월 2일
개정 1쇄 발행 2024년 4월 11일

지은이 기적학습연구소
발행인 이종원
발행처 길벗스쿨
출판사 등록일 2006년 6월 16일
주소 서울시 마포구 월드컵로 10길 56(서교동 467-9)
대표 전화 02)332-0931 | **팩스** 02)323-0586
홈페이지 www.gilbutschool.co.kr | **이메일** gilbut@gilbut.co.kr

기획 신경아(skalion@gilbut.co.kr) | **책임 편집** 박은숙, 유명희, 이은정
제작 이준호, 손일순, 이진혁 | **영업마케팅** 문세연, 박선경, 박다슬 | **웹마케팅** 박달님, 이재윤, 나혜연
영업관리 김명자, 정경화 | **독자지원** 윤정아

디자인 디자인비따 | **전산편집** 디그린, 린 기획
편집 진행 이은정 | **교정 교열** 백영주
표지 일러스트 이승정 | **본문 일러스트** 이주연, 루인, 조수희, 백정석, 김지아
CTP출력 및 인쇄 교보피앤비 | **제본** 경문제책

ISBN 979-11-6406-671-1 64710
(길벗스쿨 도서번호 10939)
정가 12,000원

독자의 1초를 아껴주는 정성 길벗출판사

길벗스쿨 | 국어학습서, 수학학습서, 유아학습서, 어학학습서, 어린이교양서, 교과서
길벗 | IT실용서, IT/일반 수험서, IT전문서, 경제실용서, 취미실용서, 건강실용서, 자녀교육서
더퀘스트 | 인문교양서, 비즈니스서
길벗이지톡 | 어학단행본, 어학수험서

'읽다'라는 동사에는 명령형이 먹혀들지 않는다.

이를테면 '사랑하다'라든가 '꿈꾸다' 같은 동사처럼,

'읽다'는 명령형으로 쓰면 거부 반응을 일으키는 것이다. 물론 줄기차게 시도해 볼 수는 있다.

"사랑해라!", "꿈을 가져라."라든가, "책 좀 읽어라, 제발!", "너, 이 자식, 책 읽으라고 했잖아!"라고.

효과는? 전혀 없다.

— 『다니엘 페나크, 〈소설처럼〉 중에서』

이 책을 기획하면서 읽었던 많은 독서 교육 관련 책 중에 가장 기억에 남는 구절이었습니다. 볼거리와 놀거리가 차고 넘치는 세상에서 아이들에게 그럼에도 불구하고 '독서가 답이야.'라고 말해 주고 싶어서 이 책을 기획했습니다. 그래서 어떻게 하면 '독서(읽다)와 논술(쓰다)'이라는 말이 명령형처럼 들리지 않을까 고민했습니다. '혼자서도 할 수 있어.'에서 '같이 해 보자.'로 방법을 바꿔 제안합니다.

독서도 연산처럼 훈련이 필요한 학습입니다. 글자를 뗀 이후부터 혼자서 책을 척척 찾아 읽고, 독서 감상문도 줄줄 잘 쓰는 친구가 있을까요? 처음에는 쉽지 않습니다. 초보 독서에서 벗어나 능숙한 독서가로 성장하기 위해서는 무릎 학교 선생님(부모님)의 도움이 필요합니다. 가랑비에 옷 젖듯, 매일 조금씩 천천히 함께 책 읽는 시간을 가져 보세요. 그리고 읽은 것에 대해 이런저런 대화를 나누어 보세요. 함께 책을 읽는 연습이 되어야 생각하는 힘이 생기고, 자기 생각을 표현하는 방법도 깨우치게 됩니다.

아이가 잘 읽고 있다고 생각할 수 있지만, 내용을 금방 파악하기 어려울 수 있습니다. 이럴 때 부모님께서 함께 글의 내용을 떠올려 봐 주시고, 생각의 물꼬를 터 주신다면 아이들은 쉽게 글 속으로 빠져들게 될 것입니다.

생각을 표현하는 것 또한 녹록지 않을 수 있습니다. 처음부터 완벽한 문장으로 쓰기를 기대하지 마세요. 읽는 것만큼 쓰는 것도 자주 해 봐야 늡니다. 쓰기를 특히 어려워한다면 말로 표현해 보라고 먼저 권유해 주세요. 한 주에 한 편씩 읽고 쓰고 대화하는 동안에 공감 능력과 이해력이 생기고, 생각하고 표현하는 능력이 향상될 것입니다.

초등 공부는 읽기로 시작해서 쓰기로 완성됩니다. 지금 이 책이 그 효과적인 독서 교육 방법을 제안합니다. 이 책을 선택하신 무릎 학교 선생님, 우리 아이에게 딱 맞는 독서 교육가가 되어 주십시오. 아이와 함께 할 때 효과는 배가 될 것입니다.

2020. 2

기적학습연구소 일동

〈기적의 독서 논술〉은 매주 한 편씩 깊이 있게 글을 읽고 생각을 쓰면서 사고력을 키우는 초등 학년별 독서 논술 프로그램입니다.

눈에만 담는 독서에서 벗어나, 읽고 떠오르는 생각과 감정을 밖으로 표현해 보세요. 매주 새로운 글을 통해 생각 훈련을 하다 보면, 어휘력과 독해력은 물론 표현력까지 기를 수 있습니다. 예비 초등을 시작으로 학년별 2권씩, 총 14권으로 구성되어 있습니다.

* 초등 고학년(5~6학년)을 대상으로 한 〈기적의 역사 논술〉도 함께 출시되어 있습니다. 〈기적의 역사 논술〉은 매주 한 편씩 한국사 스토리를 통해 역사적 맥락을 이해하고, 그 의미를 파악하며 생각을 써 보는 통합 사고력 프로그램입니다.

1 학년(연령)별 구성

학년별 2권 구성

한 학기에 한 권씩 독서 논술을 테마로 학습 계획을 짜 보는 것은 어떨까요?

독서 프로그램 차등 설계

읽기 역량을 고려하여 본문의 구성도 차등 적용하였습니다.

예비 초등과 초등 1학년은 짧은 글을 중심으로 장면별로 끊어 읽는 독서법을 채택하였습니다. 초등 2~4학년은 한 편의 글을 앞뒤로 나누어 읽도록 하였고, 초등 5~6학년은 한 편의 글을 끊지 않고 쭉 이어서 읽도록 하였습니다. 글을 읽은 뒤에는 글의 내용을 확인 정리하면서 생각을 펼칠 수 있도록 설계하였습니다.

> **선택 팁** 단계별(학년별)로 읽기 분량이나 서술·논술형 문제에 난이도 차가 있습니다. 아이 학년에 맞게 책을 선택하시되 첫 주의 내용을 보시고 너무 어렵겠다 싶으시면 전 단계를, 이 정도면 수월하겠다 싶으시면 다음 권을 선택하셔서 학습하시길 추천드립니다.

2 읽기 역량을 고려한 다채로운 읽기물 선정 (커리큘럼 소개)

권	주	읽기물	주제	장르	비고	특강
P1	1	염소네 대문	친구 사귀기	창작 동화	인문, 사회	한 장면 생각 표현
	2	바람과 해님	지혜, 온화함	명작 동화	인문, 과학	
	3	임금님 귀는 당나귀 귀	비밀 지키기	전래 동화	인문, 사회	
	4	숲속 꼬마 사자의 변신	바른 태도로 듣기	창작 동화	사회, 언어	
P2	1	수상한 아저씨의 뚝딱 목공소	편견, 직업	창작 동화	인문, 기술	한 장면 생각 표현
	2	짧아진 바지	효, 소통	전래 동화	사회, 문화	
	3	레옹을 부탁해요	유기묘, 동물 사랑	창작 동화	인문, 과학	
	4	어리석은 소원	신중하게 생각하기	명작 동화	인문, 사회	
1	1	글자가 사라진다면	한글의 소중함	창작 동화	언어, 사회	그림일기 사람을 소개하는 글
	2	노란색 운동화	쓸모와 나눔	창작 동화	사회, 경제	
	3	재주 많은 다섯 친구	재능	전래 동화	인문, 기술	
	4	우리는 한 가족	가족 호칭	지식 동화	사회, 문화	
2	1	토끼의 재판	은혜, 이웃 도와주기	전래 동화	인문, 사회	일기 물건을 설명하는 글
	2	신통방통 소식통	감각 기관	설명문	과학, 기술	
	3	숲속 거인의 흥미진진 퀴즈	도형	지식 동화	과학, 수학	
	4	열두 띠 이야기	열두 띠가 생겨난 유래	지식 동화	사회, 문화	
3	1	당신이 하는 일은 모두 옳아요	믿음	명작 동화	인문, 사회	부탁하는 글 편지
	2	바깥 활동 안전 수첩	안전 수칙	설명문	사회, 안전	
	3	이르기 대장 나최고	이해, 나쁜 습관	창작 동화	인문, 사회	
	4	우리 땅 곤충 관찰기	여름에 만나는 곤충	관찰 기록문	과학, 기술	
4	1	고제는 알고 있다	친구 이해	창작 동화	인문, 사회	책을 소개하는 글 관찰 기록문
	2	여성을 위한 변호사 이태영	위인, 남녀평등	전기문	사회, 문화	
	3	염색약이냐 연필깎이냐, 그것이 문제로다!	현명한 선택	경제 동화	사회, 경제	
	4	내 직업은 직업 발명가	직업 선택	지식 동화	사회, 기술	
5	1	지하 정원	성실함, 선행	창작 동화	사회, 철학	독서 감상문 제안하는 글
	2	내 친구가 사는 곳이 궁금해	대도시와 마을	지식 동화	사회, 지리	
	3	팥죽 호랑이와 일곱 녀석	배려와 공감	반전 동화	인문, 사회	
	4	수다쟁이 피피의 요란한 바다 여행	환경 보호, 미세 플라스틱 문제	지식 동화	과학, 환경	
6	1	여행	여행, 체험	동시	인문, 문화	설명문 시
	2	마녀의 빵	적절한 상황 판단	명작 동화	인문, 사회	
	3	숨바꼭질	자존감	창작 동화	사회, 문화	
	4	한반도의 동물을 구하라!	한반도의 멸종 동물들	설명문	과학, 환경	
7	1	작은 총알 하나	전쟁 반대, 평화	창작 동화	인문, 평화	기행문 논설문
	2	백제의 숨결, 무령왕릉	문화 유산 답사	기행문	역사, 문화	
	3	돌멩이 수프	공동체, 나눔	명작 동화	사회, 문화	
	4	우리 교실에 벼가 자라요	식물의 한살이	지식 동화	과학, 기술	
8	1	헬로! 두떡 마켓	북한 주민 정착	창작 동화	사회, 문화	기사문 연설문
	2	2005 스탠퍼드대학교 졸업식 연설문	끊임없는 도전 정신	연설문	과학, 기술	
	3	피부색으로 차별받지 않는 무지개 나라	편견과 차별	지식 동화	문화, 역사	
	4	양반전	위선과 무능 풍자	고전 소설	사회, 문화	

③ 어휘력 + 독해력 + 표현력을 한번에 잡는 3단계 독서 프로그램

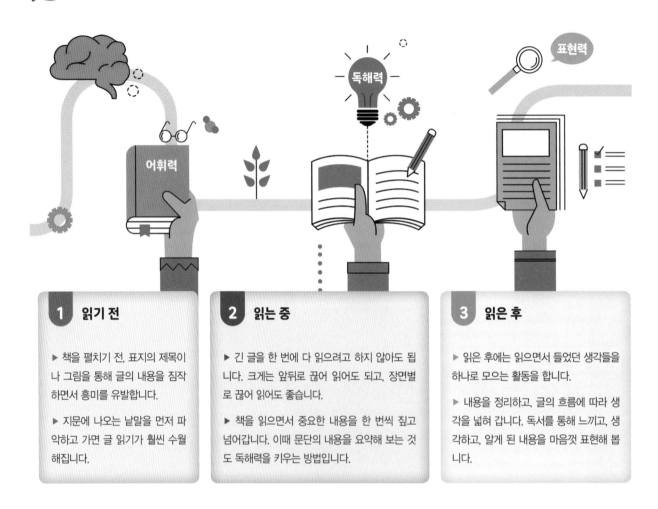

1 읽기 전

▶ 책을 펼치기 전, 표지의 제목이나 그림을 통해 글의 내용을 짐작하면서 흥미를 유발합니다.

▶ 지문에 나오는 낱말을 먼저 파악하고 가면 글 읽기가 훨씬 수월해집니다.

2 읽는 중

▶ 긴 글을 한 번에 다 읽으려고 하지 않아도 됩니다. 크게는 앞뒤로 끊어 읽어도 되고, 장면별로 끊어 읽어도 좋습니다.

▶ 책을 읽으면서 중요한 내용을 한 번씩 짚고 넘어갑니다. 이때 문단의 내용을 요약해 보는 것도 독해력을 키우는 방법입니다.

3 읽은 후

▶ 읽은 후에는 읽으면서 들었던 생각들을 하나로 모으는 활동을 합니다.

▶ 내용을 정리하고, 글의 흐름에 따라 생각을 넓혀 갑니다. 독서를 통해 느끼고, 생각하고, 알게 된 내용을 마음껏 표현해 봅니다.

예비 초등 ~ 1학년의 독서법

읽기 능력을 살리는 '장면별 끊어 읽기'

창작/전래/이솝 우화 등 짧지만 아이들의 감성을 자극하고 공감을 끌어낼 수 있는 이야기글을 수록하였습니다. 어린 연령일수록 읽기에 대한 거부감을 줄이고, 독서에 대한 재미를 더합니다.

2학년 이상의 독서법

사고력과 비판력을 키우는 '깊이 읽기'

동화뿐 아니라 시, 전기문, 기행문, 설명문, 연설문, 고전 등 다양한 갈래를 다루고 있습니다. 읽기 능력 신장을 위해 저학년에 비해 긴 글을 앞뒤로 나누어 읽어 봅니다. 흥미로운 주제와 시공간을 넘나드는 폭넓은 소재로 아이들의 생각을 펼칠 수 있게 하였습니다.

4 사고력 확장을 위한 서술·논술형 문제 출제

초등학생에게 논술은 '생각 쓰기 연습'에 해당합니다.

교육 평가 과정이 객관식에서 주관식 평가로 점차 변화하고 있습니다. 학교에서는 지필고사를 대신한 수행평가가 수시로 이루어지고 있습니다. 정오답을 찾는 단선적인 객관식보다 사고력을 평가할 수 있는 주관식의 비율이 높아지고, 국어뿐 아니라 수학, 사회, 과학 등 서술형 평가가 확대되고 있습니다. 이런 평가를 대비하여 글을 읽고, 생각을 표현하는 방법을 다각도로 훈련할 수 있도록 구성하였습니다.

이 책에서 출제된 서술·논술형 문제 유형은 다음과 같습니다.

> "만약에 나라면 어떻게 했을지 쓰세요." 균형, 비판

> "왜 그런 행동(말)을 했을지 쓰세요." 공감, 논리

> "다음과 같은 상황에 처했을 때 주인공은 어떻게 했을지 쓰세요." 창의, 비판

> "등장인물에게 나는 어떤 말을 해 주고 싶은지 쓰세요." 공감, 균형

> "A와 B의 비슷한(다른) 점은 무엇인지 쓰세요." 논리, 비판

글을 읽을 때 생각이 자라지만, 생각한 바를 표현할 때에도 사고력은 더 확장됩니다. 꼼꼼하게 읽고, 중간중간 내용을 확인한 후에 전체적으로 읽은 내용을 정리해 봄으로써 생각을 다듬고 넓혀 갈 수 있습니다. 한 편의 글을 통해 주인공의 입장이 되어 보기도 하고, '나라면 어땠을까?'를 생각해 보는 연습이 논술에 해당합니다. 하나의 주제를 담고 있는 글을 읽고 내용의 옳고 그름을 판단하기도 하고, 글의 전체적인 맥락을 파악함으로써 논리적이고 비판적인 사고를 할 수 있습니다.

지도팁 장문의 글을 써야 하는 논술 문제는 없지만, 자신의 생각을 마음껏 표현할 수 있게 유도해 주세요. 글로 바로 쓰는 게 어렵다면 말로 표현해 볼 수 있도록 지도해 주시기 바랍니다. 말로 표현한 것을 문장으로 다듬어 쓰다 보면, 생각한 것이 어느 정도 정리됩니다. 여러 번 연습한 후에 논리가 생기고, 표현력 또한 자라게 될 것입니다. 다소 엉뚱한 대답일지라도 나름의 논리와 생각의 과정이 건강하다면 칭찬을 아끼지 마십시오.

이렇게 활용하면 좋아요!

1학년을 위한 **1**권 / **2**권

아직은 책 읽는 것이 서툴기 때문에 책에 대해 흥미를 가질 수 있도록 정해진 시간에 책을 읽어 주거나 실감 나게 동화를 구연해 주는 활동적인 독서 방법이 필요합니다.

부모님이 소리 내어 읽어 주시고,
아이는 들으면서 독서와 논술을 진행하는 것을
권장합니다.

공부 계획 세우기

13쪽
권별 전체 학습 계획

주차 학습
시작 페이지
주별 학습 확인

한 주에 한 편씩, 5일차 학습 설계

학습자의 읽기 역량에 따라 하루에 1~2일차를 이어서 할 수도 있고, 1일차씩 끊어서 학습할 수도 있습니다.
계획한 대로 학습이 이루어졌는지 자기 점검을 꼭 해 보세요.

🌸 학년별 특강 [갈래별 글쓰기]

국어과 쓰기 학습에 필요한 '갈래별 글쓰기' 연습을 통해 표현력을 키울 수 있도록 구성하였습니다.

그림일기를 시작으로 기행문, 논설문까지 국어 교과서에서 학년별로 다루는 다양한 갈래의 개념을 설명하고, 이를 구조적으로 쉽게 풀어서 쓸 수 있는 방법을 연습합니다.

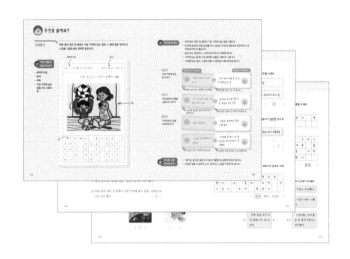

◀ **지도팁** 쓰기에 취약한 친구들은 단계적으로 순서를 밟아 쓸 수 있도록 해 주세요.

🌸 온라인 제공 [독서 노트]

길벗스쿨 홈페이지(www.gilbutschool.co.kr) 자료실에서 독서 노트를 내려받아 활용할 수 있습니다. 책을 읽고 느낀 점이나 인상 깊었던 점을 간략하게 쓰거나 그리고, 재미있었는지도 스스로 평가해 봅니다. 이 책에 제시된 글뿐만 아니라 추가로 읽은 책에 대한 독서 기록을 남길 수도 있습니다.

▶ **길벗스쿨 홈페이지** 독서 노트 내려받기

매일 조금씩 책 읽는 습관이
아이의 사고력을 키웁니다.

🌸 3단계 독서 프로그램

① 읽기 전

1주 1일차

생각 열기

읽게 될 글의 그림이나 제목과
관련지어서 내용을 미리 짐작해 본다거나
배경지식을 떠올리면서 읽는 목적을
분명히 하는 활동입니다.

② 읽는 중

1주 2일차

생각 쌓기

학습자의 읽기 역량에 따라 긴 글을
장면별로 끊어 읽기도 하고, 전후로 크게
나누어 읽어 봅니다. 부모님과 함께
소리 내어 읽어 보는 것은 어떨까요?

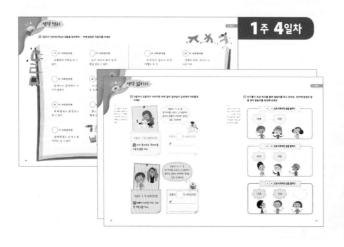

③ 읽은 후

1주 4일차

생각 정리

글의 내용을 한눈에 정리해 보는 활동입니다.
장면을 이야기의 흐름대로 정리해 볼 수도
있고, 주요 내용을 채워서 이야기의
흐름을 완성할 수도 있습니다.

생각 넓히기

다양한 사고력을 필요로 하는 서술·논술형
문제들입니다. 글을 읽고 생각한 바를
다양한 방법으로 표현해 볼 수 있습니다.

어휘력 쑥쑥!

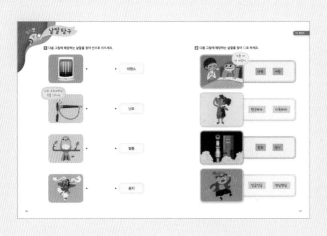

낱말 탐구

글에 나오는 주요 어휘를
미리 공부하면서 읽기를 조금 더 수월하게
이끌어 갑니다. 뜻을 모를 때에는
가이드북을 참고하세요.

1주 3일차

독해력 척척!

내용 확인 (독해)

가장 핵심적인 독해 문제만 실었습니다.
글을 꼼꼼하게 읽었는지 확인할 수 있습니다.

표현력 뿜뿜!

1주 5일차

배경지식 탐구 / 쉬어가기

읽은 글의 내용과 관련된 배경지식을
담았습니다. 주제와 연관된 추천 도서도
살펴볼 수 있습니다. 잠깐 쉬면서
머리를 식히는 코너도 마련했습니다.

독서 노트

읽은 책에 대한 감상평을 남겨 보세요.
별점을 매기며 종합적으로 평가해
보는 것도 좋습니다.

차례

* 한 주에 한 편씩 계획을 세워 독서 다이어리를 완성해 보세요.

자유롭게
적어 봐~

주차별	읽기 전	읽는 중	읽은 후	
글의 제목	생각 열기 낱말 탐구	생각 쌓기 내용 확인	생각 정리 생각 넓히기	독서 노트
예 ○주 글의 제목을 쓰세요.	3/3 😞 낱말이 어렵다 ㅠ-ㅠ	3/5	3/6 문제 다 맞음! ⭐⭐⭐	3/7 /
	/	/	/	/
	/	/	/	/
	/	/	/	/
	/	/	/	/

특강

갈 래 별 글 쓰 기

갈래 1	무엇을 쓸까요?	어떻게 쓸까요?	이렇게 써 봐요!
	/		/

갈래 2	무엇을 쓸까요?	어떻게 쓸까요?	이렇게 써 봐요!
	/		/

창작 동화 언어, 사회

글자가 사라진다면

윤아해 · 육길나 · 김재숙

✿ 독서논술계획표

➤ 공부한 날짜를 쓰고, 끝마친 단계에는 V표를 하세요.

읽기 전			읽는 중				읽은 후	
월	일		월	일	월	일	월	일
생각 열기	☐		생각 쌓기 1	☐	생각 쌓기 2	☐	생각 정리	☐
낱말 탐구	☐		내용 확인	☐	내용 확인	☐	생각 넓히기	☐

독서 노트	월	일

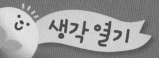

글의 제목과 그림을 살펴보고,
어떤 내용이 펼쳐질지 말해 보세요.

읽기 전

낱말 탐구

1 다음 그림에 해당하는 낱말을 찾아 선으로 이으세요.

• • 태평소

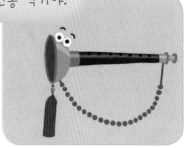

나는 우리나라의 전통 악기야.

• • 난로

• • 탈춤

• • 꽁지

2 다음 그림에 해당하는 낱말을 찾아 ○표 하세요.

다행　　여행

향긋하다　　지독하다

발표　　발사

엉금엉금　　덩실덩실

🔍 각 자음자가 사라지면 어떤 낱말이 사라지는지 살펴보고 글자의 소중함을 생각하며 읽어 보세요.

글자가 사라진다면

윤아해 · 육길나 · 김재숙

ㄱ ㄴ ㄷ이 사라진다고?

ㄱ이 사라진다면

고릴라도 볼 수 없겠네?
기린이랑 곰도 볼 수 없고
공작새의 멋진 꽁지도 볼 수 없을 거야.

개미들은 좋겠다, 개미핥기가 없어져서.
참, 개미도 사라지는 거잖아?

ㄴ이 사라진다면

눈도 내리지 않겠지?
눈사람도 만들 수 없고
나랑 너랑 눈싸움도 할 수 없을 거야.
아이, 추워!
이 추운 겨울에 난로도 사라지는 거야?

ㄷ이 사라진다면

동네마다 담벼락이 보이지 않을 거야.
도둑이 들면 어떡하지?
하지만 달이 없으니 깜깜할 거고
돈도 없으니 훔쳐 갈 것도 없을 거야.
참, 도둑도 없지? 휴, 다행이다!

 1 무엇을 상상하며 쓴 글인지 빈칸에 알맞은 말을 쓰세요.

가 사라지면 어떤 일이 일어날까?

ㄹ이 사라진다면

ㄹㅣㄹㅣㄹㅣ 자로 끝나는 말은
개구리, 병아리, 너구리, 코끼리, 유리, 항아리

어, 이 노래도 못 하겠네.
정말 재미있는 노래인데…….

ㅁ이 사라진다면

목욕탕에서 물장난도 할 수 없겠네?
와, 목욕을 안 해도 되는 거야?
"만세!"
어? 만세도 부를 수 없잖아!

---

2 'ㅁ'이 사라지면 어떤 일을 할 수 없다고 했는지 알맞은 것에 ○표 하세요.

| 목욕탕에서 하는 물장난 | '리' 자로 끝나는 노래 부르기 |

ㅂ이 사라진다면

반짝반짝 빛나는 별도 볼 수 없고
별똥별에 소원도 빌 수 없을 거야.
"뿌웅."
아이고 냄새야!
지독한 방귀 냄새는 사라져서 좋겠다.

ㅅ이 사라진다면

숨바꼭질도 못 할 거야.

꼭꼭 숨어라, 손가락이 보인다.

사슴뿔이 보인다.

송아지 꼬리 보인다.

새부리도 보인다.

ㅅ이 사라졌으니 못 찾겠다, 꾀꼬리!

3 'ㅂ'이 사라지면 무엇이 사라져서 좋다고 했는지 쓰세요.

지독한 [ ][ ] 냄새

ㅇ이 사라진다면

열, 아홉, 여덟, 일곱,
여섯……, 영!
"우주선 발사!"
이것도 할 수 없겠네?
우주선이 없으니
우주여행은 어떻게 가지?

ㅈ이 사라진다면

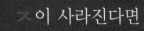

전쟁도 없고, 지진도 없을 거야.
자연이 망가지는 일도 없을 테니 지구는 좋겠다.
어, 지구도 없는 거야? 그럼 난 어디서 살지……?

ㅊ이 사라진다면

책도 함께 볼 수 없고
축구도 같이하지 못하고
생일에 촛불도 켜지 못하고
축하 노래도 못 부를 텐데
친구랑 어떻게 친해질 수 있을까?

 4 다음은 'ㅈ'과 'ㅊ' 중 무엇이 사라졌을 때 일어날 일인지 쓰세요.

전쟁, 지진이 없어지고, 자연이 망가지지 않아요.

ㅋ이 사라진다면

ㅋㅏㄷ도 만들 수 없고

맛있는 ㅋㅔㅇㅣㅋ도 먹을 수 없는 거네?

큰일이다!

ㅋ리스마스도 없는 거잖아?

그럼 내 선물은?

ㅌ이 사라진다면

"태권!"

ㅌ**ㅐㄱㅝㄴ**도도 할 수 없고

덩실덩실 **탈춤**도 출 수 없겠지.

ㅌ**ㅐㅍㅕㅇㅅㅗ**도 삘리리 불 수 없을 거야.

이럴 수가!

ㅌ**ㅐㄱㅡㄱㄱㅣ**도 사라지는 거잖아?

5 'ㅋ'이 사라지면 함께 사라지는 것이 <u>아닌</u> 것에 ✕표 하세요.

카드   탈춤   케이크   크리스마스

ㅍ이 사라진다면

파릇파릇한 **풀**밭에서 뛰어놀 수도 없겠네.
풀꽃반지도 만들 수 없고
풀피리도 불 수 없을 거야.
파란 하늘과 푸른 바다는 무슨 색이 될까?

ㅎ이 사라진다면

안 돼! 안 돼!
ㅎ은 반드시 있어야 해!
세종 대왕 할아버지가 만든
한글이 꼭 필요하거든.
ㄱ ㄴ ㄷ은 아주 중요하니까.

아주 중요한

ㄱ ㄴ ㄷ

6 글쓴이는 세종 대왕에게 어떤 마음이 들었을지 알맞은 것에 ○표 하세요.

부러운 마음   고마운 마음

생각 정리

1 『글자가 사라진다면』의 내용을 정리하며 ○ 안에 알맞은 자음자를 쓰세요.

ㄱ 이 사라진다면

고릴라랑 기린을 볼 수 없어.

○ 이 사라진다면

눈이 내리지 않아 눈사람을 만들 수 없어.

○ 이 사라진다면

동네마다 담벼락이 보이지 않겠지.

ㄹ 이 사라진다면

'리 리 리 자로 끝나는 말은' 노래도 못 해.

ㅁ 이 사라진다면

목욕탕에서 물장난도 할 수 없어.

○ 이 사라진다면

별도 볼 수 없고, 별똥별에 소원도 빌 수 없어.

○ 이 사라진다면

숨바꼭질도 못 하고 송아지도 볼 수 없어.

◯ 이 사라진다면

　우주선이 없어서 **우주 여행**도 못 가.

ㅈ 이 사라진다면

　전쟁과 지진, 지구도 사라질 거야.

◯ 이 사라진다면

　책도 볼 수 없고, **축구**도 하지 못 해.

ㅋ 이 사라진다면

　카드도 만들 수 없고, **케이크**도 먹을 수 없어.

ㅌ 이 사라진다면

　태권도도 할 수 없고, **태평소**도 불 수 없어.

◯ 이 사라진다면

　풀밭에서 놀 수도 없고, **풀꽃반지**도 못 만들어.

◯ 이 사라진다면

　세종 대왕 할아버지가 만든 **한글**도 사라져.

ㄱ, ㄴ, ㄷ…
글자는 아주 중요해.

1 자음자나 모음자가 사라지면 어떤 일이 일어날지 상상하여 자유롭게 쓰세요.

•••
각 자음자나 모음자가 들어간 낱말을 떠올려 보고, 그 낱말이 사라지면 어떤 일이 일어날지 생각해 보세요.

자음자 'ㄱ~ㅎ' 중 한 가지를 고르고, 그 자음자가 들어간 낱말이 사라지면 일어날 일을 상상해 봐.

자음자 'ㄱ'이 사라진다면

예 내가 좋아하는 **강아지**를 키울 수 없을 거야.

자음자 ☐ 이 사라진다면

✏ ------------------------------

모음자 'ㅏ~ㅣ' 중 한 가지를 고르고, 그 모음자가 들어간 낱말이 사라지면 일어날 일을 상상해 봐.

모음자 'ㅏ'가 사라진다면

예 **아빠**가 사라질 거야. 그러면 정말 슬플 거야.

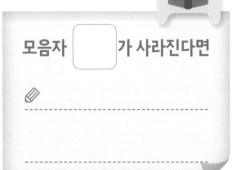

모음자 ☐ 가 사라진다면

✏ ------------------------------

----

2 친구들이 초성 퀴즈를 풀며 말놀이를 하고 있어요. 빈칸에 알맞은 말을 넣어 말놀이를 완성해 보세요.

초성은 글자의 첫소리로, '나무'의 초성은 'ㄴ, ㅁ'이에요. 주어진 초성으로 이루어진 낱말을 떠올려 말놀이를 해 보세요.

ㄱ ㄱ 으로 이루어진 낱말 말하기

가게

기간

ㅇ ㅇ 으로 이루어진 낱말 말하기

오이

이웃

ㅅ ㅈ 으로 이루어진 낱말 말하기

시장

서점

3 글자가 모두 사라지면 어떤 일이 일어날지 상상하여 쓰세요.

글자가 사라지면 어떤 불편을 겪을지 생각해 보아도 좋고, 반대로 어떤 점이 좋을지 생각해 보아도 좋아요.

예 글자가 모두 사라졌으니 동화책을 읽을 수 없구나. 너무 슬프다!

예 글자가 모두 사라졌으니 공부를 하지 않아도 되겠네? 야호!

4 우리가 쓰고 있는 글자는 세종 대왕이 만든 한글이에요. 세종 대왕을 만난다면 어떤 말을 하고 싶은지 쓰세요.

●●●
세종 대왕이 한글을 만든 사실과 관련지어 하고 싶은 말을 생각해 보세요

5 우리 주변에서 글자처럼 사라지면 안 되는 소중한 것을 생각해 보고, 그렇게 생각하는 까닭과 함께 쓰세요.

●●●
공기나 물과 같이 모든 사람이 소중하게 생각하는 것을 떠올릴 수도 있고, 자신이 특별히 소중하게 생각하는 것을 떠올릴 수도 있어요.

예 우리 가족이 사라지면 안 된다. 그 까닭은 우리 가족이 사라지면 너무 무섭고 외로울 것 같아서이다.

_____ (이)가 사라지면 안 된다. 그 까닭은

🖉 _____

세종 대왕, 훈민정음을 만들다!

✦ **훈민정음:** 1443년에 세종 대왕이 만든 우리나라 글자를 이르는 말.
✦ **반포:** 세상에 널리 퍼뜨려 모두 알게 함.

이런 책도
있어요

이지원, 『생각하는 ㄱ ㄴ ㄷ』, 논장, 2005
권윤덕, 『만희네 글자 벌레』, 길벗어린이, 2011
미술연필, 『세종 대왕, 한글로 겨레의 눈을 밝히다』, 보물창고, 2013

두 눈을 크게 떠요! 집중력 테스트

 [난이도 : 상 중 하]

★ 고양이들이 파티에 초대되어 모여 있어요.
  방 안에 고양이가 모두 몇 마리 있는지 세어 보세요.

마리

● 정답은 가이드북 13쪽을 확인하세요.

2주

창작 동화 사회, 경제

노란색 운동화

윤지수

🏅 독서논술계획표

▶ 공부한 날짜를 쓰고, 끝마친 단계에는 V표를 하세요.

읽기 전			읽는 중					읽은 후		
	월	일		월	일		월	일	월	일
생각 열기		☐	생각 쌓기 1		☐	생각 쌓기 2		☐	생각 정리	☐
낱말 탐구		☐	내용 확인		☐	내용 확인		☐	생각 넓히기	☐

독서 노트	월	일

글의 제목과 그림을 살펴보고,
어떤 내용이 펼쳐질지 말해 보세요.

낱말 탐구

1 다음 그림에 해당하는 낱말을 찾아 ○표 하세요.

비난   비법

쪼개다   포개다

호기심   질투심

으스대다   낑낑대다

2 다음 그림에 해당하는 낱말을 찾아 선으로 이으세요.

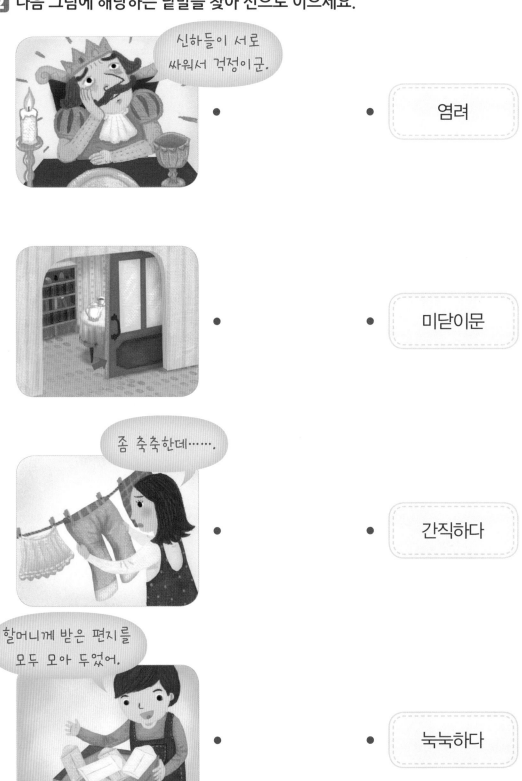

염려

미닫이문

간직하다

눅눅하다

💡 정빈이네 신발장에서 일어난 일은 무엇인지, 정빈이네 신발들은 어떻게 되었는지 생각하며 읽어 보세요.

노란색 운동화

윤지수

사람들이 모두 잠든 조용한 밤이 되자 오늘도 정빈이네 집 신발장 안은 소란스러워지기 시작했어요.

"어휴, 이 지독한 발 냄새가 어디서 나는 거야?"

신발장 한편에 있던 빨간 뾰족구두가 눈살을 찌푸리며 말했어요.

빨간 뾰족구두는 얼마 전 신발장에 새로 들어온 엄마의 구두였어요.

예쁘고 날씬한 몸매를 자랑하는 데다 새 신발이라 그런지 깨끗하고 반짝반짝 광이 났지요.

항상 손거울로 이리저리 자신의 모습을 비춰 보며 빨간 뾰족구두는 주인과 함께 외출할 날을 손꼽아 기다리고 있었어요.

빨간 뾰족구두의 불평에 신발장에 있던 신발들이 눈으로 가리키듯 낡고 더러운 흰색 운동화를 쳐다보았어요. 다른 신발들 역시 표현은 안했지만, 솔솔 풍겨오는 고약한 발 냄새에 모두 힘들어하고 있었어요.

눈치를 보던 흰색 운동화가 수많은 신발들 사이에 껴서 힘겹게 대답했어요.

 1 얼마 전 신발장에 새로 들어온 엄마의 구두는 무엇인지 쓰세요.

빨간			

"아침에 정빈이 아빠랑 학교 운동장에서 달리기를 했더니 땀을 많이 흘렸어요. 땀 냄새를 없애고 신발장에 들어왔어야 했는데 여러분에게 피해를 줘서 미안해요……. 아, 밀지 좀 말아요! 갈색 구두 씨!"

자신에게 쏟아지는 비난의 눈길에 어쩔 줄 모르던 흰색 운동화가 옆에 있던 갈색 구두에게 괜한 트집을 잡았어요.

갈색 구두가 억울하다는 듯 말했어요.

"내가 민 게 아니에요. 신발들이 많으니까 나도 옆에서 밀렸다구요."

갈색 구두의 말이 끝나기가 무섭게 곳곳에서 다른 신발들의 불만과 한숨 소리가 터져 나왔어요.

"아야야야, 조금만 옆으로 가요! 지금 당신 몸이 나를 누르고 있잖아요!"

"숨 막혀. 여긴 너무 좁고 답답해!"

"모두 조용히들 해요! 시끄러워서 잠을 잘 수가 없네."

신발장의 맨 꼭대기 층은 주인에게 사랑을 듬뿍 받는 새 신발들이 독차지하고 있었어요. 하지만 나머지 층들에는 닳고 망가졌거나 유행 지난 신발들이 비좁은 공간에 아무렇게나 포개져 있었지요.

어둠 속에서 주인에게 한동안 잊힌 신발들은 다시 환한 바깥세상으로 나오기 위해 ⁺안간힘을 쓰고 있었어요.

⁺안간힘: 어떤 일을 이루기 위해서 몹시 애쓰는 힘.

 2 신발장 안에 있는 신발들의 불만은 무엇인지 알맞은 것에 ○표 하세요.

신발장 안이 좁은 것   흰색 운동화가 무시하는 것

사실 신발들이 큰 불편함을 겪게 된 건 주인집 정빈이네 가족이 봄맞이 쇼핑을 다녀온 이후였어요. 크기는 다르지만 쌍둥이처럼 모양과 색깔이 똑같은 운동화 세 컬레가 한꺼번에 신발장으로 들어오게 되었지요.

아빠 운동화, 엄마 운동화 그리고 아기 운동화였어요.

노란색 운동화들은 몸집이 커서 가뜩이나 좁은 신발장의 자리를 많이 차지하고 있었어요. 게다가 값비싼 ⁺기능성 신발이라 다른 신발들의 부러움과 질투를 한 몸에 받고 있었어요.

⁺**기능성**: 기능을 잘 갖춰 쓸모 있는 성질.

　　노란색 운동화 가족은 언제나 셋이 함께 다니며 신발장 가장 높은 곳에서 평화로운 *일상을 보내고 있었어요.

　　"노란색 아기 운동화야! 나 좀 도와주지 않을래?"

　　누군가 자신을 부르는 소리에 호기심 많은 아기 운동화가 슬쩍 아래를 내려다보았어요. 현관문 근처에서 분홍색 아기 샌들이 온몸을 들썩이며 낑낑대고 있었어요.

*일상: 날마다 반복되는 생활.

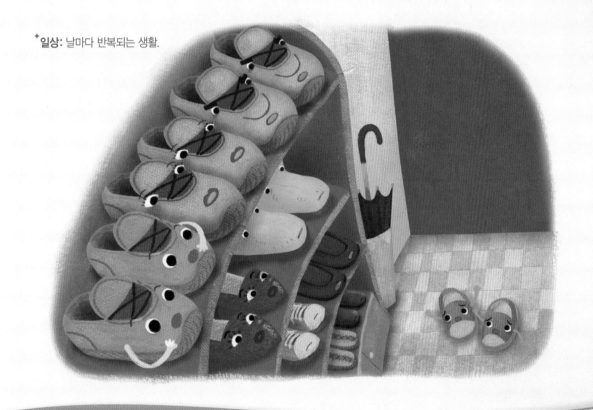

 3 다른 신발들은 노란색 운동화 가족에게 어떤 마음이 들었는지 알맞은 것에 ○표 하세요.

고마운 마음　　　　미안한 마음　　　　부러운 마음

　　노란색 아기 운동화가 바닥으로 폴짝폴짝 뛰어내려 분홍색 아기 샌들에게 다가갔어요.

　　"무슨 일이니?"

　　"으윽, 배에 껌이 붙었는데 도저히 몸을 움직일 수가 없어."

　　"가여워라! 내가 도와줄 테니까 침착해."

　　노란색 아기 운동화가 아기 샌들의 양손을 붙잡고 힘껏 끌어당기기 시작했어요.

　　"영차 영차, 조금만 더 힘으을……!"

　　노란색 아기 운동화의 도움으로 드디어 아기 샌들의 몸이 바닥에서 떨어졌어요! 자유롭게 몸을 움직이게 된 아기 샌들이 무척이나 기뻐하며 말했어요.

"고마워, 이제 좀 살 것 같아. 모두 네 덕분이야. 앞으로 내 친구가 되어 줄래?"

"물론이지."

아기 신발들은 그날부터 서로에게 가장 친한 친구가 되었어요.

어느 날이었어요. 엄마 운동화의 얼굴에 근심이 가득했어요.

"요즘 들어 아기 운동화가 산만하고 집중을 못해서 걱정이에요. 왼발 오른발, 항상 짝꿍과 함께 다녀야 한다고 타일러도 현관문 바닥에서 따로따로 굴러다니거든요. 저렇게 정신없이 놀다가 짝꿍을 잃어버려서 주인집 아들에게 버림받으면 어쩌죠? 우리 같은 신발들은 한 짝을 잃으면 더 이상 사람들에게 필요하지 않은데."

 4 노란색 아기 운동화는 분홍색 아기 샌들에게 어떤 도움을 주었는지 쓰세요.

> 몸이 ☐☐ 에서 떨어지게 해 주었다.

한참 동안 *묵묵히 신문을 보고 있던 아빠 운동화가 엄마 운동화를 안심시켰어요.

"그럴 일은 없을 거예요. 꾸짖지만 말고 아이에게 항상 짝꿍과 함께 다녀야 하는 이유를 이해하기 쉽게 설명해 봐요."

"네……."

엄마의 걱정을 아는지 모르는지 오늘도 노란색 아기 운동화는 바닥으로 내려와 다른 친구들과 함께 술래잡기를 하며 신나게 뛰놀고 있었어요.

그렇게 시간이 흐르고 어느덧 주인집 아들 정빈이도 훌쩍 자라나 있었어요. 그만큼 발도 커지면서 신고 다니던 신발들이 꽉 끼었지요.

✦**묵묵히**: 말없이 조용하게.

정빈이가 좀 더 큰 크기의 신발들을 사 신기 시작하면서 노란색 아기 운동화는 또래 친구들과 함께 신발장 한구석에 머무는 시간이 많아졌어요. 발에 맞지 않는 노란색 아기 운동화는 더 이상 정빈이에게 필요하지 않았으니까요.

주인의 관심에서 멀어진 노란색 아기 운동화는 신발장 아래층 미닫이문에 가로막혀 우울한 시간들을 보내고 있었어요.

시무룩하게 있는 아기 운동화를 바라보는 노란색 운동화 부부도 마음이 아팠지만 어쩔 ⁺도리가 없었어요.

주인집 가족이 더 이상 쓸모없는 노란색 아기 운동화를 쓰레기통에 버리지 않는 것만 해도 다행이라 생각했어요.

⁺**도리**: 어떤 일을 해 나갈 방법이나 수단.

5 노란색 아기 운동화가 정빈이에게 필요 없게 된 까닭으로 알맞은 것에 ○표 하세요.

(1) 너무 닳고 더러워져서 　　　　　　　　　　　　　　(　　)

(2) 정빈이 발에 맞지 않게 되어서 　　　　　　　　　　(　　)

일요일 아침이 밝아왔습니다.

신발들에게도 아쉬운 이별의 시간이 찾아왔어요. 정빈이 엄마가 평소 잘 신지 않는 신발들을 정리해 재활용 수거함에 주워 담기 시작했거든요.

하지만 신발들에게 이별이 반드시 슬픈 것만은 아니었어요.

오히려 기뻐하는 신발들이 많았어요.

"얏호, 신난다. 먼지만 쌓인 채 어둠 속에 있느니 차라리 날 필요로 하는 새 주인을 만나 마음껏 뛰어놀 거야! 온몸이 근질근질하다구."

유행이 한참 지난 얼룩말 무늬 운동화가 가장 먼저 들떠서 말했어요.

"맞아. 신발장 습기 때문에 온몸이 눅눅해. 얼른 햇빛을 쬐고 싶어!"

"이 좁고 답답한 공간을 벗어난다는 생각만 해도 벌써부터 숨통이 트이는걸? 낄낄낄."

신발들은 저마다 기대에 차서 주인의 선택을 기다리고 있었어요.

활발하고 명랑한 성격의 노란색 아기 운동화도 밖에 나가고 싶었지만 엄마 아빠와 헤어지는 건 상상도 하기 싫었어요.

하지만 헤어질 염려는 없었어요. 노란색 운동화는 주인집 세 가족이 처음으로 똑같이 맞춰 신은 아주 특별한 신발이었거든요.

필요 없는 신발들을 모두 정리한 정빈이 엄마가 끝으로 한쪽 구석에 있던 노란색 아기 운동화를 집어 올리며 말했어요.

"넌 소중히 간직했다가 곧 태어날 우리 둘째 아이한테 물려줘야겠구나, 호호. 심심해도 조금만 기다리렴!"

정빈이 엄마가 수줍게 자신의 배를 쓰다듬으며 환하게 웃었어요.

 6 노란색 아기 운동화의 새 주인은 누가 되겠는지 알맞은 것에 ○표 하세요.

| 정빈이 | 정빈이의 동생 | 정빈이의 이웃 |

생각 정리

1 『노란색 운동화』에서 일어난 일의 차례를 생각하며 빈칸에 알맞은 말을 쓰세요.

①

정빈이네 가족이 봄맞이 쇼핑을 다녀온 이후 ☐☐☐ 운동화 가족은 신발장으로 들어오게 되었다.

노란색 아기 운동화가 힘껏 끌어당겨 ☐☐☐ 아기 샌들의 몸이 바닥에서 떨어지도록 도와주었고, 둘은 친구가 되었다.

②

③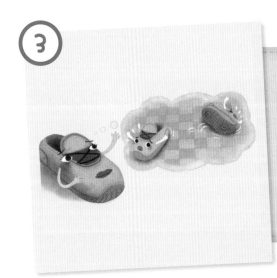

엄마 운동화는 노란색 아기 운동화가 ☐☐을 잃어버려서 필요하지 않게 될까 봐 항상 걱정했다.

시간이 흘러 정빈이의 ☐ 이 커지면서 노란색 아기 운동화 는 더 이상 정빈이에게 필요하 지 않게 되었다.

정빈이 엄마는 평소 잘 신지 않 던 신발들을 정리했고, 신발들은 새 ☐☐ 을 만난다는 생각 에 기뻐했다.

정빈이 엄마는 구석에 있던 노란색 아기 운동화를 집어 올리며 곧 태어 날 정빈이의 ☐☐ 에게 물려 줘야겠다고 말했다.

생각 넓히기

1 다음 상황에서 노란색 아기 운동화는 어떤 생각을 했을지 상상하여 쓰세요.

노란색 아기 운동화가 정빈이에게 필요 없게 되었을 때나 자신을 정빈이의 동생에게 물려줘야겠다는 말을 들었을 때 어떤 생각을 했을지 정리해 보세요.

정빈이의 발에 맞지 않게 되었을 때

곧 태어날 동생에게 물려줘야겠다는 말을 들었을 때

2 『노란색 운동화』에 나온 다음 신발들이 재활용 수거함에 담겼을 때 어떤 주인을 만나고 싶어 할지 쓰세요.

신발들의 새 주인은
누가 되면 좋겠는지
생각해 보세요.

> **예** 나는 씩씩하고
> 운동을 좋아하는 아이가
> 주인이 되었으면 좋겠어.

> 나는 🖉 ----------------------------
>
> ---------------------------- (이)가
> 주인이 되었으면 좋겠어.

> 나는 🖉 ----------------------------
>
> ---------------------------- (이)가
> 주인이 되었으면 좋겠어.

3 지금은 사용하지 않는 물건을 어떻게 하면 다시 활용할 수 있을지 상 상하며 다음 물음에 대한 답을 쓰세요.

•••
물건을 다시 활용하는 방법에는 물려주기, 나눔 장터에 내놓기, 다른 물건으로 교환하기, 다른 물건으로 만들어 쓰기 등이 있어요. 나라면 어떤 방법으로 다시 활용할지 생각해 보세요.

사용하지 않는 물건

예 토끼 얼굴이 달린 머리끈

사용하지 않는 까닭

예 머리를 짧게 잘라서 머리끈이 필요 없게 되었다.

어떻게 다시 활용할까요?

예 나눔 장터에 내놓는다.

사용하지 않는 물건

사용하지 않는 까닭

어떻게 다시 활용할까요?

4 나에게 필요 없는 물건을 나눔 장터에서 팔려고 해요. 가게 이름을 정하고, 팔고 싶은 물건을 소개해 보세요.

• • •
팔 물건과 관련지어 가게 이름을 지어 보고, 물건이 잘 팔리도록 물건의 특징이 드러나게 소개해 보세요.

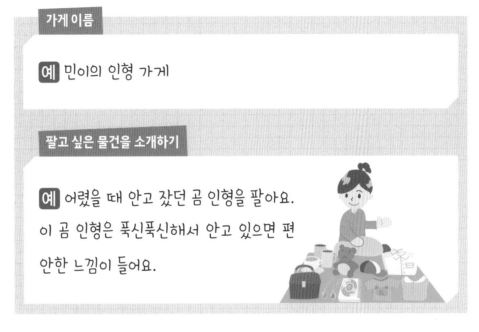

가게 이름

팔고 싶은 물건을 소개하기

설명하기 어려우면 그림을 그려도 좋아.

절약과 재활용을 배우는 아나바다 운동

'아나바다'는 '아껴 쓰고 나눠 쓰고 바꿔 쓰고 다시 쓰기'를 줄인 말이에요. 1997년 우리나라가 다른 나라에게 빌린 돈을 갚지 못해 힘들었던 때가 있었어요. '아나바다 운동'은 그때 이후로 시작되었어요. 모두들 물건을 아껴 쓰자는 생각을 가지고 시작된 운동이지요.

'아나바다 운동'에 참여하면 물건을 다시 재활용할 수 있어요. 또한 필요 없는 물건을 필요한 사람들에게 팔거나 나누어 주기 때문에 쓰레기를 줄일 수도 있어요. 그리고 물건이 필요한 사람들은 무료로 얻게 되거나 싼 가격에 살 수 있어서 돈도 아낄 수 있답니다.

이런 책도 있어요

미하엘 로어, 『달리는 나눔 가게』, 북비, 2013
윤수천, 『꺼벙이 억수랑 아나바다』, 좋은책어린이, 2010
이향안, 『나눔으로 따뜻한 세상을 만든 진짜 부자들』, 현암사, 2019

자유롭게 그려 봐요! 창의력 테스트

[난이도 : 상 ⭐ 중 ⭐ 하]

★ 집에서 신을 실내화를 샀어요.
　여러 가지 모양이나 선으로 꾸며서 나만의 특별한 실내화를 만들어 보세요.

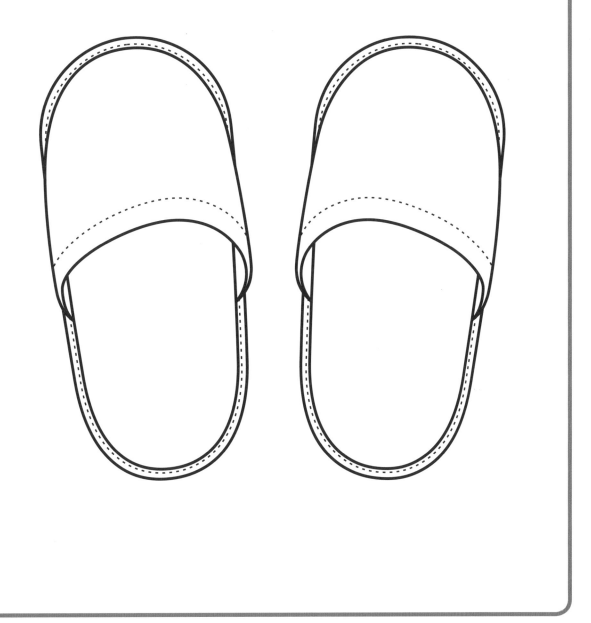

● 정답은 가이드북 13쪽을 확인하세요.

3주

전래 동화 인문, 기술

재주 많은 다섯 친구

🏅 독서논술계획표

❯ 공부한 날짜를 쓰고, 끝마친 단계에는 V표를 하세요.

읽기 전			읽는 중				읽은 후	
월	일		월	일	월	일	월	일
생각 열기	☐	생각 쌓기 1	☐	생각 쌓기 2	☐	생각 정리	☐
낱말 탐구	☐	내용 확인	☐	내용 확인	☐	생각 넓히기	☐

독서 노트   월   일

낱말 탐구

1 다음 그림에 해당하는 낱말을 찾아 ○표 하세요.

단지　　둥지

수레　　지게

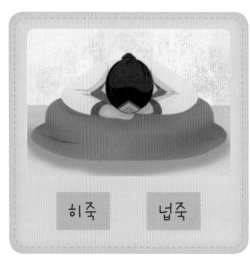

히죽　　넙죽

옷고름　　옷소매

띄우다　　세우다

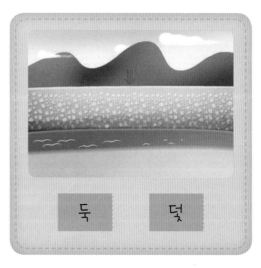

둑　　덫

2 다음 그림에 해당하는 낱말을 찾아 선으로 이으세요.

 ·

· 허물다

 ·

· 갇히다

 ·

· 궁리하다

 ·

· 허우적대다

재주 많은 다섯 친구

옛날에 할머니, 할아버지가 살았어요. 할머니, 할아버지에게는 늙도록 자식이 없었어요.

어느 날, 부부의 꿈에 눈썹이 하얀 노인이 나타나 깨끗한 단지에 두 사람의 오줌을 담아 땅에 묻으면 소원이 이루어질 것이라고 말했어요.

잠에서 깬 부부는 바로 노인의 말대로 했어요. 그리고 열 달 후, 땅에 묻어 둔 단지 안에서 아기 울음소리가 들렸어요.

깜짝 놀란 부부가 단지 안을 들여다보니 ⁺웬 아기가 울고 있었어요. 부부는 이 아기에게 '단지손이'라는 이름을 지어 주고, 정성껏 키웠어요.

⁺웬: 어떠한.

단지손이는 신기한 아이였어요. 태어나자마자 밥을 먹고 말도 또박또박 잘했어요. 또, 나날이 힘도 세져서 넓은 밭도 맨손으로 갈고, 산에 가서 나무를 뿌리째 뽑아 지게에 지고 오기도 했어요.

그러던 어느 날, 단지손이가 말했어요.

"어머니, 아버지. 집을 떠나 세상 구경을 하고 싶어요."

부모님은 단지손이가 걱정되었지만 허락해 주었어요.

단지손이는 부모님께 넙죽 절을 하고 길을 떠났어요.

 1 '단지손이'라는 이름을 지어 준 까닭으로 알맞은 것에 ○표 하세요.

단지 안에서 태어나서   얼굴이 단지처럼 생겨서 단지손이가 한참 길을 가는데 나무 한 그루가 누웠다 일어섰다 하는 것이 보였어요. 가까이 다가가 보니 웬 아이가 쿨쿨 잠을 자고 있었어요. 그 아이의 콧김이 너무 세서 나무가 누웠다 일어섰다 했던 거였지요.

단지손이는 자고 있는 아이를 깨웠어요.

"난 단지손이라고 해. 넌 누군데 그렇게 콧김이 세니?"

"난 콧김손이야. 세상 구경을 하다가 잠시 자고 있었지."

"그래? 나도 세상 구경 나왔어. 우리 함께 구경하자."

단지손이와 콧김손이는 친구가 되어 함께 길을 떠났어요.

단지손이와 콧김손이가 한참을 가는데, 산 위에서 물이 콸콸 쏟아져 내려왔어요. 물줄기를 따라 올라가니 웬 아이가 오줌을 누고 있었어요.

"너는 대체 누군데 오줌을 그렇게 많이 누니?"

"난 오줌손이야. 나는 지금 세상 구경을 하고 있어."

"그래? 우리도 세상 구경 나왔는데, 함께 다니지 않을래?"

"좋아."

셋은 친구가 되어 함께 길을 떠났어요.

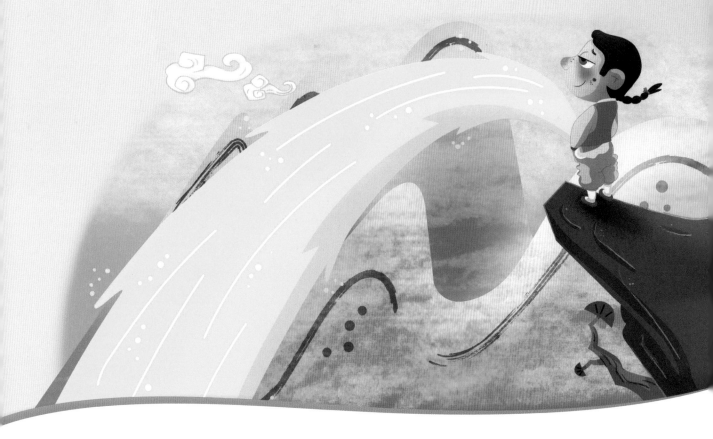

 2 콧김이 센 재주를 가진 인물은 누구인지 쓰세요.

　단지손이, 콧김손이, 오줌손이 셋이서 한참을 가는데, 웬 아이가 옷고
름에 배를 묶어 끌고 가고 있었어요.

　"너는 대체 누군데 배를 끌고 다니니?"

　"난 배손이야. 나는 지금 세상 구경을 하고 있어."

　"그래? 우리도 세상 구경 나왔는데, 함께 다니지 않을래?"

　"좋아."

　넷은 친구가 되어 함께 길을 떠났어요.

단지손이, 콧김손이, 오줌손이, 배손이 넷이서 한참을 가는데, 갑자기 쿵쿵 소리가 나면서 땅이 흔들렸어요. 소리가 나는 곳으로 가 보니, 웬 아이가 커다란 무쇠 신을 신고 걸어오고 있었어요.

"너는 대체 누군데 무쇠 신을 신고 다니니?"

"난 무쇠손이야. 나는 지금 세상 구경을 하고 있어."

"그래? 우리도 세상 구경 나왔는데, 함께 다니지 않을래?"

"좋아."

다섯은 친구가 되어 함께 길을 떠났어요.

3 다섯 친구는 무엇을 하러 함께 떠났는지 쓰세요.

다섯 친구가 한참 길을 가다 보니 날이 어두워졌어요. 마침 저 멀리 외딴집이 보여서 그 집에서 하룻밤 자고 가기로 했어요.

외딴집에는 할머니가 네 아들과 살고 있었어요. 할머니는 다섯 친구를 반갑게 맞아 주었어요. 그런데 사실 이 할머니와 네 아들은 호랑이였어요.

호랑이들은 다섯 친구를 어떻게 잡아먹을까 궁리했어요.

"그러지 말고 심심한데 좀 골려 주는 게 어때? 내일 날이 밝으면 내기나 하다가 잡아먹자."

"좋아, 좋아!"

✦외딴집: 홀로 따로 떨어져 있는 집.

다음 날 아침, 호랑이들이 다섯 친구 앞에 나타났어요. 다섯 친구는 할머니와 네 아들이 호랑이였다는 것을 알고 깜짝 놀랐어요.

"우리 나무하기 내기 하자. 너희가 이기면 살려 주지만, 우리가 이기면 잡아먹을 테다."

다섯 친구는 호랑이들의 말을 듣고 내기를 하기로 했어요.

호랑이들은 쉬지 않고 나무를 베었어요. 그러나 금세 지쳤어요.

다섯 친구도 나무를 베었어요. 단지손이가 맨손으로 툭툭, 콧김손이가 콧김으로 흥흥, 무쇠손이가 무쇠 신으로 쿵쿵, 단숨에 나무를 베었지요.

이렇게 첫 번째 내기는 다섯 친구가 이겼어요.

4 할머니와 네 아들은 사실 무엇이었는지 쓰세요.

"이번에는 둑 쌓기 내기를 하자! 우리가 이기면 너희를 잡아먹을 테다!"

이렇게 해서 호랑이와 다섯 친구는 둑 쌓기 내기를 하게 됐어요. 호랑이들이 둑을 쌓은 뒤에 허물어 물을 내려보내면 다섯 친구가 둑을 쌓아 그 물을 막기로 했어요.

호랑이들은 쌓은 둑을 허물어 물을 내려보냈어요. 그것을 보고 단지 손이가 얼른 산처럼 큰 바위를 집어 던졌어요. 그러자 금세 둑이 만들어져 물 한 방울 새어 나가지 않고 모두 막았어요.

이렇게 두 번째 내기도 다섯 친구가 이겼어요.

두 번째 내기에서도 진 호랑이들은 화가 났어요.

"나무 쌓기 내기를 하자. 우리가 나무를 던지면 너희가 받아서 쌓아."

이번에도 다섯 친구는 그러자고 했어요.

단지손이는 호랑이들이 던지는 큰 나무를 척척 받아 높이 쌓아 올렸어요. 호랑이들은 점점 지쳤어요.

"에잇, 안 되겠다."

마음이 급해진 호랑이들은 다섯 친구가 있는 나뭇단에 불을 붙였어요.

다섯 친구는 불길 속에 갇혔지만 오줌손이가 불길을 향해 오줌을 눈 덕분에 불을 끌 수 있었어요.

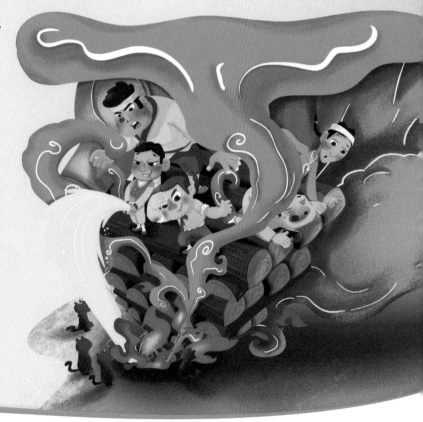

5 내기를 할 때마다 이긴 것은 누구인지 ○표 하세요.

호랑이들	다섯 친구

　　오줌손이가 오줌을 멈추지 않
자 주변이 오줌 바다가 되었어
요. 배손이는 얼른 옷고름에 묶어
두었던 배를 띄웠고, 다섯 친구는 배
에 올라탔어요. 배손이 덕분에 다섯 친구는
무사했지만, 호랑이들은 오줌 바다에 빠져 허우적댔지요.
　"어푸어푸, 호랑이 살려!"
　　이어 콧김손이가 호랑이들을 향해 재빨리 콧김을 불었어요. 강한 콧
김에 오줌 바다가 꽁꽁 얼어 버려 호랑이들이 꼼짝 못하게 되었어요.

"이번에는 이 무쇠손이의 실력을 보여 주지!"

무쇠손이는 배에서 내려 무거운 무쇠 신을 신은 발로 호랑이들을 뻥 차 버렸어요. 힘을 모아 호랑이들을 물리친 다섯 친구는 너무 기뻐 덩실덩실 춤을 추었어요.

"자, 또 어떤 일이 생길까? 다시 함께 떠나 볼까?"

단지손이, 콧김손이, 오줌손이, 배손이, 무쇠손이 다섯 친구는 세상 구경을 하기 위해 또다시 길을 떠났어요.

6 다섯 친구가 호랑이들을 물리칠 수 있었던 까닭으로 알맞지 <u>않은</u> 것에 ✕표 하세요.

힘을 합쳐서   호랑이를 속여서   재주를 이용해서

1 『재주 많은 다섯 친구』에서 일어난 일의 차례를 생각하며 빈칸에 알맞은 말을 쓰세요.

| | | | | 는 콧김 손이, 오줌손이, 배손이, 무쇠손이를 만나 함께 세상 구경을 떠났다.

밤이 되어 다섯 친구는 외딴집으로 갔고, | | | |들은 다섯 친구를 잡아먹을 궁리를 했다.

다음 날 아침이 되자, 호랑이들은 | | | | | 내기를 하자고 했고, 다섯 친구가 이겼다.

두 번째로, 호랑이들은 ☐ 쌓기 내기를 하자고 했고, 또 다섯 친구가 이겼다.

마지막으로 나무 쌓기 내기를 하던 호랑이들은 질 것 같자, 나뭇단에 ☐ 을 붙였다.

☐☐☐☐ 가 눈 오줌으로 불을 껐고, 친구들은 재주를 이용하여 호랑이들을 물리쳤다.

호랑이들을 물리친 다섯 친구는 세상 구경을 하기 위해 또다시 함께 길을 떠났다.

1 내기에서 진 호랑이들은 어떤 생각을 했을지 상상하여 쓰세요.

내기에서 이길 거라고 자신만만했던 호랑이들이 내기에서 진 뒤에는 어떤 생각을 했을지 정리해 보세요.

2 호랑이들과의 내기에서 이긴 다섯 친구의 마음을 상상하여 서로에게 어떤 말을 할지 쓰세요.

힘을 합쳐 내기에서 이긴 다섯 친구는 서로에게 어떤 마음이 들었을지 생각해 보세요.

3 또다시 길을 떠난 다섯 친구가 다음 상황을 겪게 된다면 어떻게 문제를 해결할지 상상하여 쓰세요.

•••
다섯 친구가 뾰족한 가시가 있는 숲길을 지나가기 위해 어떤 재주를 활용할지 생각해 보세요.

단지손이, 콧김손이, 오줌손이, 배손이, 무쇠손이가 가진 재주를 떠올려 봐.

가시가 많은 숲길을 만난다면

✎

----

4 다음 그림 속 친구는 작가가 되고 싶은데 글 쓰는 재주가 없어서 고민이래요. 친구는 재주가 없어서 꿈을 이룰 수 없을까요? 내 생각을 정하여 ○표 하고, 그렇게 생각한 까닭을 쓰세요.

정답이 정해져 있는 것은 아니므로 자신만의 생각을 정하고, 알맞은 까닭을 쓰세요.

재주가 없으면 꿈을 이룰 수 없다.	재주가 없어도 꿈을 이룰 수 있다.

✎

5 나의 재주를 생각해 보고, 그 재주를 가진 나는 미래에 어떤 모습일지 상 상하여 그려 보세요. 그리고 그림 속 내 모습을 설명해 보세요.

●●●
미래의 내 모습이 재 주에 어울리는 직업 을 가졌을 수도 있고 직업과 상관없이 어 떤 일을 잘 해내는 모 습일 수도 있어요.

나의 재주

미래의 내 모습 그리고 설명하기

'재주'를 갈고닦은 역사 속 인물

　오만 원 지폐에 그려져 있는 사람은 신사임당이에요. 신사임당은 조선 시대의 유명한 화가이자, 오천 원 지폐에 그려진 율곡 이이의 엄마이기도 해요.

　신사임당은 어려서부터 그림을 잘 그렸어요. 밖에서 놀다가 집에 오면 늘 밖에서 본 풀과 꽃들을 그렸고, 어떻게 하면 더 자세하게 그릴 수 있을지 고민했어요. 한번은 닭이 신사임당이 그린 그림 속 벌레를 보고 진짜 쪼아 먹으려 한 일도 있었어요.

　신사임당은 풀과 꽃, 벌레, 오이, 수박 등 자연을 자세히 관찰하고 틈틈이 그려 보면서 실력을 쌓아 천재 화가로 이름을 날렸어요. 대표 작품으로는 「초충도」가 있어요. 「초충도」는 풀과 벌레를 소재로 하여 그린 그림으로, 여덟 폭으로 이루어진 병풍 작품이에요.

「초충도」 일부 ▶
(출처: 문화재청)

이런 책도 있어요
조호상, 『별난 재주꾼 이야기』, 사계절, 2015
한화주, 『다 함께 으랏차차』, 좋은책어린이, 2014
토어 프리먼, 『왁자지껄 재능 잔치』, 한국헤르만헤세, 2016

자유롭게 그려 봐요! 창의력 테스트

[난이도 : 상 ⭐ 중 ⭐ 하]

★ 그림 속 아이의 표정을 상상하여 그려 보세요.

● 정답은 가이드북 13쪽을 확인하세요.

4주

지식 동화 사회, 문화

우리는 한 가족

박은숙

📖 독서논술계획표

❯ 공부한 날짜를 쓰고, 끝마친 단계에는 V표를 하세요.

읽기 전			읽는 중				읽은 후	
월	일		월	일	월	일	월	일
생각 열기	☐		생각 쌓기 1	☐	생각 쌓기 2	☐	생각 정리	☐
낱말 탐구	☐		내용 확인	☐	내용 확인	☐	생각 넓히기	☐

독서 노트   월   일

글의 제목과 그림을 살펴보고,
어떤 내용이 펼쳐질지 말해 보세요.

낱말 탐구

1 다음 그림에 해당하는 낱말을 찾아 선으로 이으세요.

핑계

서툴다

쓰다듬다

북적북적

2 다음 그림에 해당하는 낱말을 찾아 ○표 하세요.

| 슬쩍 | 훌쩍 |

| 마중 | 마련 |

| 안마 | 목마 |

| 주렁주렁 | 도란도란 |

| 깨지다 | 깨닫다 |

| 잡아끌다 | 밀어내다 |

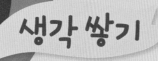
우리는 한 가족

박은숙

"서우야, 무슨 일 있어?"

힘없이 있는 나를 보고 짝꿍 윤아가 물었어요.

"아, 그게……. 어제 엄마가 교통사고를 당하셔서 지금 병원에 계셔."

"정말? 많이 다치셨어?"

"많이 다치신 건 아닌데 일주일 정도 입원하셔야 한대. 그래서 나도

할아버지 댁에서 잠시 지내야 해."

나는 윤아에게 인사를 하고 집으로 왔어요.

✦**입원**: 환자가 병을 고치기 위해 일정한 기간 동안 병원에 머무는 것. ㉆ 퇴원.

집에 오니 엄마가 없는 빈집이 쓸쓸하게 느껴졌어요.

그때, 아빠한테 전화가 왔어요.

"서우야, 학교 잘 다녀왔어? 혼자 무섭지? 이제 집으로 출발할게."

"괜찮아요. 그런데 아빠, 저 병원에 가 보면 안 돼요? 집 앞에 있는 길

만 건너면 되잖아요. 저 혼자 갈 수 있어요."

"그래, 그럼. 길 건널 때 조심해. 병원에 도착하면 전화하고."

나는 전화를 끊고 집을 나섰어요.

 1 서우가 학교에서 힘이 없었던 까닭은 무엇인지 빈칸에 알맞은 말을 쓰세요.

가 교통사고를 당해 병원에 입원하셔서

병원에 도착했을 때 엄마는 주무시고 계셨어요.

"서우 왔니? 못 본 사이에 키가 훌쩍 컸구나."

엄마의 사고 소식을 듣고 이모가 오셨나 봐요. 이모는 어젯밤에 오셨

대요. 엄마가 걱정돼서 며칠 엄마를 간호할 생각이라고 하셨어요.

"이모, 우리 엄마 돌봐 주셔서 감사해요."

"우리 서우 다 컸네. 너희 엄마이기도 하지만, 나한테는 언니이기도

하잖아. 그러니 내가 돌봐 줘야지."

그때 엄마가 잠에서 깨셨어요. 엄마는 나를 보고 활짝 웃으셨어요.

⁺간호: 다쳤거나 앓고 있는 환자나 노약자를 보살피고 돌봄.

나는 아빠께 전화를 드리고 엄마 곁에 앉았어요. 그때 외할머니와 외숙모, 외사촌 동생인 민준이와 민석이가 들어왔어요.

외숙모는 외삼촌의 부인, 외사촌 동생들은 외삼촌의 아들들이에요.

외할머니는 엄마의 손을 붙잡고 많이 다치지 않아 다행이라고 하셨어요. 외숙모도 서툰 한국말로 엄마를 걱정하며 말했어요.

"큰일 날 뻔했어요."

외숙모는 일본 사람인데, 한국에 공부하러 왔다가 엄마의 오빠인 외삼촌을 만나 결혼했대요. 외할머니와 외숙모는 금방 집으로 돌아가셨어요.

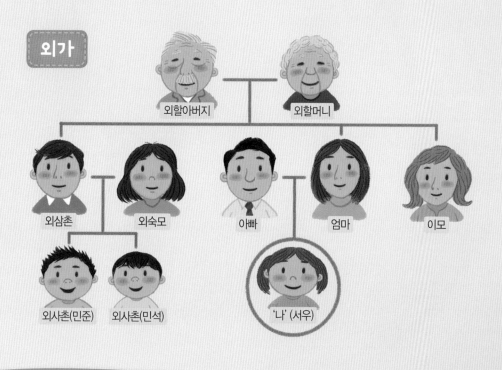

2 서우는 이모에게 어떤 마음이 들었는지 알맞은 것에 ○표 하세요.

| 서운한 마음 | 고마운 마음 |

잠시 후, 아빠가 고모와 함께 오셨어요. 고모는 아빠의 누나예요.

엄마가 병원에 계시는 동안 나를 돌봐 주기로 하셨대요.

고모는 시골에서 할아버지, 할머니와 함께 살아요. 아빠가 태어난 고향 마을이래요. 고모와 고모부는 할아버지와 함께 과수원을 해요.

"서우야, 할아버지 댁에 있는 동안 어른들 말씀 잘 들어야 해."

엄마가 걱정스러운 얼굴로 말씀하셨어요.

"걱정하지 마세요. 저도 벌써 여덟 살이라고요."

나는 엄마의 팔을 안마해 드리며 엄마를 안심시켜 드렸어요.

옆에서 이모도 한마디 거들어 주셨어요.

"맞아. 나한테 고맙다는 인사도 얼마나 의젓하게 했는데."

나는 이모의 칭찬이 부끄러웠지만 기분은 좋았어요.

"자, 이제 서우는 고모랑 같이 갈까?
아빠가 짐은 다 싸 왔어."

고모가 자리에서 일어서며 말
씀하셨어요.

나는 엄마, 아빠와 인사를 나
누고 고모와 함께 할아버지 댁
으로 갔어요.

✦**의젓하게**: 말이나 행동 따위가 점잖고 무게가 있게.

 3 서우가 아빠의 누나를 뭐라고 불러야 하는지 알맞은 말을 쓰세요.

할아버지 댁에 도착하니 할머니, 할아버지가 마중을 나와 계셨어요. 고모부와 ⁺고종사촌 언니, 이웃에 사는 큰아버지와 큰어머니도 계셨어요.

나는 쑥스러워서 고모 뒤로 숨었어요. 혼자 할아버지 댁에 온 건 처음이었거든요. 고종사촌 언니가 다가와 손을 잡아끌며 말했어요.

"서우야, 보고 싶었어. 언니랑 재미있게 놀자."

나는 민지 언니의 다정한 목소리에 마음이 조금 편해졌어요.

잠시 후 저녁을 먹었어요. 여럿이 북적북적 모여 밥을 먹으니 더 맛있게 느껴졌어요. 할머니께서 내 옆에 앉아 밥을 드시면서 반찬도 집어 주셨어요.

⁺**고종사촌**: 고모의 아들, 딸을 이르는 말.

"할머니, 제가 달걀말이 좋아하는 거 어떻게 아셨어요?"

"엄마한테 물어봤지."

나는 할머니가 정말 고마웠어요. 그래서 밥도 더 많이 먹었어요.

"갑자기 우리 채운이 생각나네. 우리 채운이도 달걀말이 좋아하는데."

큰아버지는 외국에 공부하러 간 사촌 오빠 생각이 나시나 봐요. 큰아버지는 아빠의 형이에요. 큰아버지가 첫째, 고모가 둘째, 아빠가 막내예요. 어려서부터 큰아버지, 고모, 아빠는 무척 사이좋게 지냈대요.

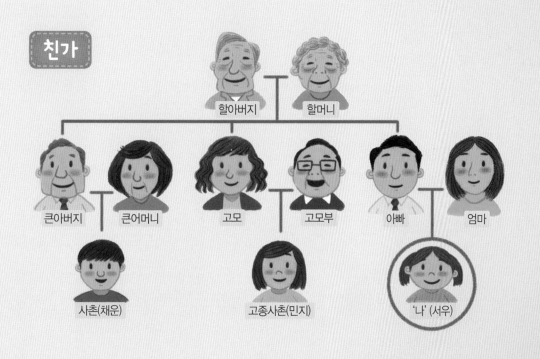

친가

할아버지 — 할머니

큰아버지 — 큰어머니 / 고모 — 고모부 / 아빠 — 엄마

사촌(채운) / 고종사촌(민지) / '나' (서우)

4 서우가 할아버지 댁에 가서 만난 친척을 모두 찾아 ○표 하세요.

| 고모부 | 이모부 | 큰아버지 | 외숙모 |

어느덧 밤이 되었어요. 나는 언니와 누워 도란도란 이야기를 했어요.

"서우야, 언니가 무서운 이야기 해 줄게."

언니는 불을 끄고 조용한 목소리로 무서운 이야기를 해 주었어요.

아, 그런데 너무 많이 먹었나 봐요. 갑자기 배가 아팠어요. 화장실에 가야 하는데, 자꾸만 무서운 이야기가 생각났어요.

그러다 더 이상 참을 수가 없었어요. 나는 민지 언니와 화장실에 갔어요. 무사히 볼일을 보고 나오니 이번에는 민지 언니가 몸을 배배 꼬며 기다리고 있었어요. 우리는 서로를 바라보며 웃었어요.

아침이 되자, 할아버지와 고모, 고모부는 과수원에 나가셨어요. 나는 민지 언니와 함께 할머니를 도와 마당도 쓸고 소에게 여물도 주었어요.

그리고 우리는 밖에 나갔어요. 민지 언니는 나에게 동네 이곳저곳을 구경시켜 주었어요. 아빠의 고향 마을을 구경하며 아빠의 어렸을 때 모습을 상상해 보기도 했어요.

그러다가 과수원에 갔어요. 나는 민지 언니를 따라 사과를 땄어요. 시골에는 지금까지 해 보지 못한 재미있는 일들이 너무 많았어요.

그렇게 하루, 이틀 지내다 보니 일주일이 금방 지났어요.

5 서우는 아빠의 고향 마을을 구경하며 무엇을 상상했는지 알맞은 것에 ○표 하세요.

아빠의 어렸을 때 모습   내가 살고 싶은 마을의 모습

집에 돌아가야 하는 날이 되었어요. 아빠가 나를 데리러 오셨어요. 엄마는 퇴원을 해서 집에 계신다고 했어요. 나는 엄마를 만날 생각에 기쁘기도 했지만, 아쉬운 마음도 들었어요.

"할머니, 할아버지, 건강하세요. 고모부와 고모, 감사했습니다."

"그래, 또 놀러 와라."

"민지 언니, 다음에는 언니가 우리 집에 놀러 와."

"응, 꼭 갈게."

나는 아빠 차를 타고 집으로 향했어요.

집에 돌아오니 엄마가 건강한 모습으로 맞아 주셨어요. 나는 엄마를 꼭 안았어요. 오랜만에 맡는 엄마 냄새가 참 좋았어요.

"엄마, 아빠, 친척들을 자주 만났으면 좋겠어요. 만나면 즐겁잖아요."

"우리 서우가 이번에 깨달은 게 많구나."

엄마가 내 머리를 쓰다듬으며 말씀하셨어요.

"그러게. 바쁘다는 핑계로 자주 만나지 못했어. 아빠도 반성해야겠다."

"네. 우리는 한 가족이니까요!"

나는 민지 언니가 우리 집에 놀러 올 날이 벌써부터 기다려졌어요.

 6 할아버지 댁에 다녀온 뒤, 서우가 한 생각은 무엇인지 빈칸에 알맞은 말을 쓰세요.

들을 자주 만났으면 좋겠다.

생각 정리

1 서우에게 일어난 일을 장소에 따라 정리하며 빈칸에 알맞은 말을 쓰세요.

학교	교통사고로 병원에 입원한 엄마 때문에 힘이 없음.

☐	아빠한테 전화가 걸려 와 엄마가 계신 ☐☐ 에 혼자 가도 된다는 허락을 받음.

☐☐	이모가 엄마를 간호하러 와 계셨고, 외할머니와 외숙모, ☐☐☐ 동생들, 고모가 오심.

할아버지 댁	• 할아버지와 할머니, 큰아버지와 큰어머니, 고모와 고모부, ☐☐ 사촌 언니가 모여 저녁을 먹음. • 동네 구경도 하고 사과도 따며 즐겁게 지냄.

집	엄마, 아빠께 ☐☐ 들을 더 자주 만나면 좋겠다고 말함.

2 서우의 친척 관계를 알맞게 정리해 보세요.

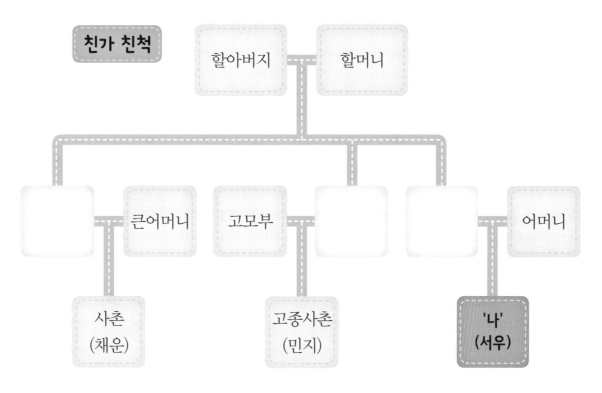

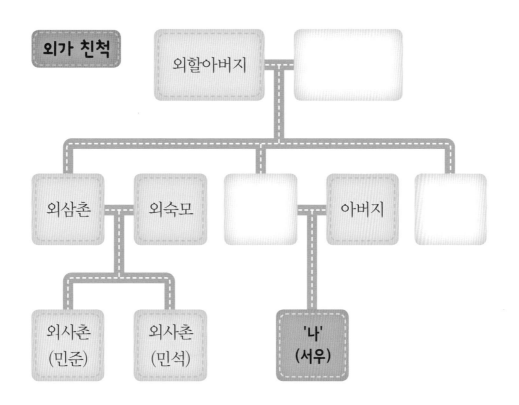

1 다음 친척 관계도를 살펴보고, 자신의 친척 관계도를 만들어 보세요.

'큰아버지', '작은아버지', '큰이모', '작은이모'와 같이 호칭 앞에 '큰', '작은' 등의 말을 붙일 수도 있어요.

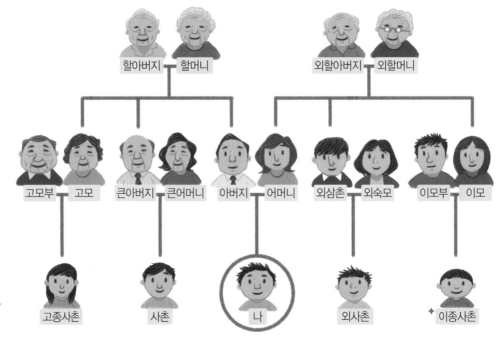

이종사촌: 이모의 아들, 딸을 이르는 말.

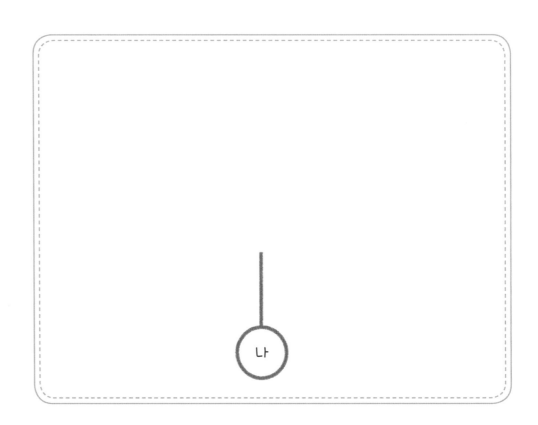

2 가족이나 친척 중에서 소개하고 싶은 사람을 정하여 소개 카드를 만들어 보세요.

● ● ●
다른 사람들에게 특별히 소개하고 싶은 가족이나 친척을 떠올려 보세요.

● 부르는 말(호칭): 고모

● 이름: 이미윤

● 닮은 동물: 토끼

● 좋아하는 음식: 빵, 떡볶이

사람을 소개할 때에는 나이, 별명, 잘하는 것, 특징 등에 대해 소개할 수 있어.

가족(친척) 소개 카드	
	● 호칭:
	● 이름:
	●
	●

3 가족마다 사는 모습이 달라요. 다음 가족의 형태를 살펴보고, 나는 어떤 가족의 형태로 살고 싶은지 까닭과 함께 쓰세요.

•••
확대 가족과 핵가족의 좋은 점은 각각 무엇일지 생각해 보세요.

확대 가족

할아버지, 할머니 세대와 어머니, 아버지 세대, 자녀 세대가 함께 사는 가족

핵가족

아버지, 어머니와 결혼하지 않은 자녀가 함께 사는 가족

내가 살고 싶은 가족의 형태

내가 살고 싶은 가족의 형태는 □□□□□□□□□ 이다.

왠냐하면, ✏ _____

_____

4 요즘은 친척과 가깝게 지내는 사람들이 점점 줄어들고 있어요. 친척과 자주 만날 수 있게 우리 집만의 친척 행사를 만들어 보세요.

할머니, 할아버지 생신처럼 이미 하고 있는 행사 말고 새로운 행사를 생각해 보세요.

친척과 만나요

5월 둘째 주 일요일

가족 요리 자랑

가족마다 한 가지씩 음식을 만들어 와 함께 나누어 먹는다.

6월 넷째 주 일요일

모두 모여, 소풍

친척들이 모두 모여 가까운 곳으로 함께 나들이를 간다.

다양한 가족의 모습

우리 주위에는 다양한 모습의 가족들이 살고 있어요.

우리 가족은 아빠와 나야.

한 부모 가족

나와 할머니는 너에게 아빠, 엄마야.

조손 가족

넌 우리가 낳지는 않았지만 엄마, 아빠의 소중한 아들이야.

입양 가족

엄마, 아빠의 결혼으로 남이었던 우리가 한 가족이 되었어.

재혼 가족

엄마는 우리나라 사람, 아빠는 프랑스 사람이야.

다문화 가족

우리와 다른 모습의 가족이라고 해서 이상하게 생각할 필요는 없어요. 어떻게 가족을 이루었느냐보다 행복한 가족이 되는 것이 더 중요해요. 서로 사랑하고, 도와주고, 아끼는 마음을 갖는다면 이 세상의 모든 가족은 행복할 거예요.

이런 책도 있어요

김동광, 『붕어빵 가족』, 아이세움, 2011
로랑 모로, 『근사한 우리가족』, 로그프레스, 2014
한별이, 『할아버지와 나는 일촌이래요』, 키위북스, 2010

재미로 보는 **심리 테스트**

[적중률 : 상 中 하]

★ 우리 집에 둘 식물을 고르러 꽃가게에 갔어요.
어떤 식물 화분이 가장 마음에 드나요?

① 아마릴리스

② 수국

③ 아이비

④ 히아신스

• 결과는 가이드북 13쪽을 확인하세요.

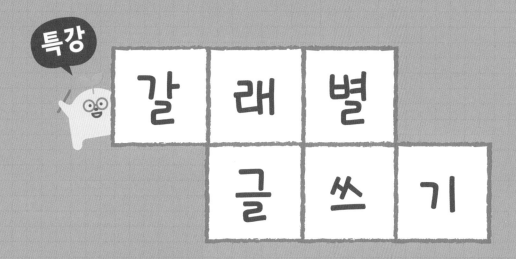

특강

갈래별 글쓰기

무	엇	을		쓸	까	요	?						
					어	떻	게		쓸	까	요	?	
		이	렇	게		써		봐	요	!			

 무엇을 쓸까요?

그림일기 하루 동안 겪은 일 중에서 가장 기억에 남는 일과 그 일에 대한 생각이나 느낌을 그림과 글로 정리한 글입니다.

 어떤 내용이 들어가나요?

- 날짜와 요일
- 날씨
- 제목
- 가장 기억에 남는 일을 그린 그림과 글

날짜와 요일   날씨

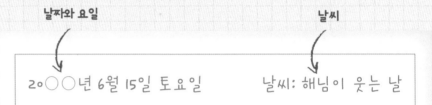

2○○○년 6월 15일 토요일   날씨: 해님이 웃는 날

제목: 축구공이 생겼어요 ← 제목

그림

글

엄	마	께	서		축	구	공	을		사
주	셨	다	.		운	동	을		열	심	히
하	라	고		사		주	신		거	다	.
가	지	고		싶	었	던		축	구	공	이
생	겨	서		기	분	이		좋	았	다	.

어떻게 쓰나요?

- 하루 동안 겪은 일 중에서 가장 기억에 남는 일을 고릅니다.
- 맨 위에 날짜와 요일, 날씨를 쓰고, 날씨는 자기만의 방법으로 독창적이고 재미있게 쓰면 더 좋습니다.
- 글감 또는 생각이나 느낌이 잘 드러나는 제목을 씁니다.
- 기억에 남는 일 중 가장 중요한 내용을 그림으로 그립니다.
- 기억에 남는 일과 그 일에 대한 내 생각을 자세하게 글로 씁니다.

point 1
가장 기억에 남는 일 고르기

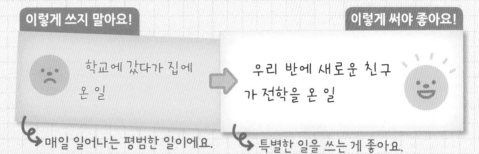

이렇게 쓰지 말아요!
학교에 갔다가 집에 온 일

➡ 매일 일어나는 평범한 일이에요.

이렇게 써야 좋아요!
우리 반에 새로운 친구가 전학을 온 일

➡ 특별한 일을 쓰는 게 좋아요.

point 2
가장 중요한 내용을 그림으로 그리기

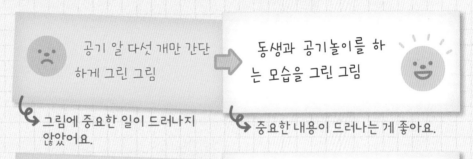

이렇게 쓰지 말아요!
공기 알 다섯 개만 간단하게 그린 그림

➡ 그림에 중요한 일이 드러나지 않았어요.

이렇게 써야 좋아요!
동생과 공기놀이를 하는 모습을 그린 그림

➡ 중요한 내용이 드러나는 게 좋아요.

point 3
기억에 남는 일을 자세하게 쓰기

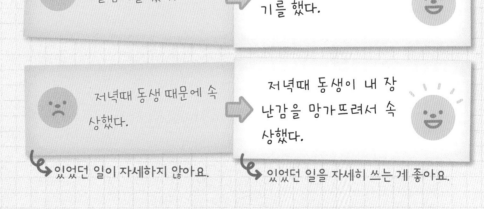

줄넘기를 했다.

➡ 아빠와 공원에서 줄넘기를 했다.

저녁때 동생 때문에 속상했다.

➡ 저녁때 동생이 내 장난감을 망가뜨려서 속상했다.

➡ 있었던 일이 자세하지 않아요.

➡ 있었던 일을 자세히 쓰는 게 좋아요.

주의할 점은 무엇인가요?

- 기쁜 일, 즐거운 일만 쓰지 말고 억울한 일, 슬펐던 일 등도 씁니다.
- 있었던 일을 사실대로 쓰고, 생각이나 느낌을 구체적으로 씁니다.

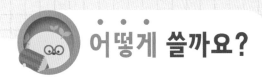
어떻게 쓸까요?

일기에 쓸
내용
떠올리기

1 다음 중 그림일기로 쓸 내용을 바르게 떠올린 친구의 이름을 쓰세요.

하루 동안 겪은 일을 모두 써야지.

민준

밤에 잠든 일을 써야지.

아영

학교에 간 일을 써야지.

시은

아빠와 영화를 본 일을 써야지.

찬영

(   )

2 다음 친구에게 해 줄 말로 알맞은 것에 ○표 하세요.

유정: 아침에 일어나 세수한 일을 그림일기로 써야겠다.

(1) 매일 일어나는 평범한 일을 그림일기로 쓰는 것이 좋아.

(   )

(2) 하루 동안 겪은 일 중에서 가장 기억에 남는 일을 그림일기로
쓰는 것이 좋아.   (   )

3 그림일기의 맨 위에 들어갈 내용을 모두 쓴 것의 기호를 쓰세요.

㉮
20○○년 6월 28일 금요일

㉯
20○○년 6월 28일 금요일   날씨: 흐리다가 비가 옴.

(   )

4 다음은 정훈이가 쓴 그림일기의 일부분입니다. 정훈이가 <u>잘못한</u> 점으로 알맞은 것에 ○표 하세요.

2022년 6월 17일   날씨: 비가 주룩주룩

(1) 날씨를 쓰지 않았다.   (   )

(2) 요일을 쓰지 않았다.   (   )

(3) 날짜를 쓰지 않았다.   (   )

5 다음은 그림일기에 들어갈 글입니다. 그림일기의 제목으로 알맞은 것에 ○표 하세요.

국	어		시	간	에		발	표	를
했	다	.		내		꿈	에		대	한		것
이	었	다	.		무	척		떨	렸	다	.

(발표 , 학교 , 선생님   )

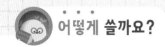 어떻게 쓸까요?

그림일기에 들어가는 그림의 내용 알기

6 다음 그림일기에 들어갈 그림의 내용으로 알맞은 것의 기호를 쓰세요.

	배	가		아	파		병	원	에		갔
다	.	의	사		선	생	님	께	서		찬
음	식	을		먹	지		말	라	고		하
셨	다	.	아	이	스	크	림	을		먹	지
못	하	게		되	어		아	쉬	웠	다	.

㉮ 아이가 넘어져 다리를 다친 그림

㉯ 의사 선생님께 진찰을 받는 그림

(   )

7 다음 글에 어울리는 그림으로 알맞은 것에 ○표 하세요.

	아	빠	와		동	물	원	에		가	서
기	린	도		보	고	,	원	숭	이	도	
보	았	다	.	다	음	에		또		갔	으
면		좋	겠	다	.						

(1)

(   )

(2)

(   )

8 그림일기에 들어갈 글을 더 자세하게 쓴 친구의 이름을 쓰세요.

승기의 일기

	엄	마	를		도	와	드	렸	다	.		뿌
듯	했	다	.									

은정이의 일기

	저	녁	때		엄	마	를		도	와	드
렸	다	.	엄	마	가		찌	개	를		끓
이	실		때		숟	가	락	을		식	탁
에		놓	았	다	.		뿌	듯	했	다	.

(   )

9 다음 일에 대한 생각이나 느낌으로 알맞은 것을 찾아 선으로 이으세요.

(1) 친구와 다투었다. ●   ● ㉮ 긴장되고 떨렸다.

(2) 준비물을 안 가져 와서 짝에게 빌렸다. ●   ● ㉯ 기분이 매우 나빴다.

(3) 반 친구들 앞에서 내가 좋아하는 노래를 불렀다. ●   ● ㉰ 다음에는 준비물을 잘 챙겨야겠다고 생각했다.

이렇게 써 봐요!

아침, 점심, 저녁에 겪은 일 중에서 기억에 남는 일을 한 가지 골라 써 보세요.

1 내가 하루 동안 겪은 일 중에서 가장 기억에 남는 일을 한 가지 쓰세요.

가장 기억에 남는 일이 언제 어디에서 있었던 일인지, 어떤 생각이나 느낌이 들었는지 정리해 보세요.

2 **1**에서 답한 일을 떠올려 빈칸에 들어갈 내용을 정리하여 쓰세요.

언제	
어디에서	
있었던 일	
생각이나 느낌	

2에서 정리한 내용이 잘 드러나는 그림의 내용을 생각해 보세요.

3 **2**에서 정리한 내용을 바탕으로 하여 그림일기를 쓰려고 합니다. 어떤 내용의 그림이 어울릴지 생각하여 쓰세요.

4 **2**와 **3**에서 답한 내용을 바탕으로 하여 그림일기를 쓰세요.

20○○년   월   일   요일   날씨:

제목: _____

 **무엇을 쓸까요?**

| 사람을
소개하는 글 | 자신이나 다른 사람, 또는 책 속의 인물 등 사람에 대한 정보를 남에게 알려 주는 글입니다. |

어떤 내용이 들어가나요?

- 이름과 성별
- 소개할 사람의 모습 (생김새)
- 소개할 사람과 함께 겪은 일
- 소개할 사람의 성격이나 취미
- 소개할 사람이 좋아하거나 잘하는 것, 싫어하는 것

제가 소개할 친구는 박경진이고, 남자아이
　　　　　　　　　　　이름　　　　　　성별

입니다. 경진이는 얼굴이 둥글고 키가 큽니
　　　　　　　　　　　　　모습(생김새)

다. 경진이는 축구를 좋아해서 항상 축구공
　　　　　　　　좋아하는 것

을 들고 다닙니다. 또 달리기를 잘합니다.
　　　　　　　　　　　잘하는 것

경진이는 친구들을 잘 도와주는 매우 친절
　　　　　　　　　　　성격

한 아이입니다.

소개하는 글에 들어가는 내용은 정해져 있지 않아. 읽을 사람이 궁금해할 내용을 골라 소개할 사람의 특징이 잘 드러나게 쓰면 돼.

- 중요한 내용을 골라서 씁니다.
- 소개할 사람의 특징이 잘 드러나게 씁니다.
- 소개하는 내용을 자세하게 씁니다.
- 읽을 사람이 궁금해할 내용을 씁니다.

1 중요한 내용을 골라서 쓰기

- 제 동생의 이름은 김민수입니다. 제 동생은 축구를 좋아합니다. 저도 축구를 좋아합니다. 성격은 활발한 편이고, 잘 웃습니다.
  → 제 동생의 이름은 김민수입니다. 제 동생은 축구를 좋아합니다. 성격은 활발한 편이고, 잘 웃습니다.

2 소개할 사람의 특징이 잘 드러나게 자세하게 쓰기

- 제 짝은 남자아이인데 어디에 사는지 모르겠습니다.
  → 제 짝은 안율이라는 남자아이인데 문구점 옆 주택에 삽니다.

3 읽을 사람이 궁금해할 내용을 쓰기

- 우리 학교에 선생님이 새로 오셨습니다.
  → 우리 학교에 새로 오신 선생님은 유재영 선생님이고, 남자 선생님이십니다. 키가 크고 목소리가 좋으십니다.

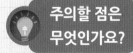 **주의할 점은 무엇인가요?**
- 소개할 대상을 잘 알 수 있게 씁니다.
- 읽을 사람을 생각하며 써야 합니다. 읽을 사람이 누구인지에 따라 소개할 내용이 달라지기 때문입니다.

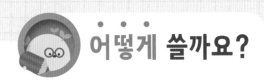

어떻게 쓸까요?

사람을
소개하는
글에 쓸
내용 알기

1 사람을 소개하는 글을 쓸 때, 소개할 대상으로 알맞은 것에 모두 ○표 하세요.

(1)
엄마

(   )

(2)
책 속 주인공

(   )

(3)
여러 가지 직업

(   )

(4)
우리 집 강아지

(   )

2 짝을 소개하는 글을 쓰려고 합니다. 짝의 이름과 성별을 떠올린 친구의 이름을 쓰세요.

내 짝은 키가 커.

세은

내 짝은 박지훈이고 남자야.

서진

(   )

3 다음 내용에서 소개하는 사람의 무엇을 알 수 있는지 알맞은 것에 ○표 하세요.

> 제 짝은 태권도를 잘합니다.
> 지난번에도 대회에 나가서
> 상을 받았습니다.

(1) 소개하는 사람의 성격   (   )

(2) 소개하는 사람이 잘하는 것   (   )

(3) 소개하는 사람이 좋아하는 것   (   )

4 다음은 책 속의 인물을 소개하는 글에 들어갈 내용입니다. 무엇에 대해 소개한 것인지 찾아 선으로 이으세요.

(1) 남자입니다.   ●   ●㉮ 성격

(2) 욕심이 많고 심술궂습니다.   ●   ●㉯ 모습

(3) 코에 수염이 있고, 뚱뚱합니다.   ●   ●㉰ 성별

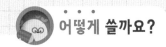
사람을
소개하는
글을 쓰는
방법 알기

5 다음 중에서 중요한 내용만 골라 소개하는 글을 쓴 것에 ○표 하세요.

(1)
> 우리 형은 지우개가 많습니다. 또 파란색 가방을 가지고 다닙니다.

(   )

(2)
> 우리 형의 이름은 이동권이고, 노래를 잘합니다. 또 책 읽는 것을 좋아합니다.

(   )

(3)
> 우리 형은 키가 큽니다. 나는 키가 큰 형이 부럽습니다. 키가 크려면 음식을 골고루 먹어야 합니다.

(   )

6 다음 ㉠~㉢ 중에서 소개하는 글에 어울리지 <u>않는</u> 내용을 찾아 기호를 쓰세요.

> ㉠제가 소개하려는 친구는 박채원입니다. 채원이는 피아노 치는 것을 좋아합니다. ㉡피아노 소리는 언제 들어도 정말 아름답습니다. ㉢그리고 채원이는 된장찌개를 좋아합니다.

(   )

7 다음 글에 대해 바르게 말한 친구의 이름을 쓰세요.

> 누나는 성격이 좋습니다. 그리고 잘하는 것도 많습니다.

누나와 겪은 일만 자세하게 썼어.

윤지

소개하는 내용을 자세하게 쓰지 않았어.

해율

(   )

8 다음 글 (가)와 (나) 중에서 소개하는 사람의 특징이 잘 드러나게 자세하게 쓴 글의 기호를 쓰세요.

(가) 제 단짝 친구의 이름은 김하윤이고 여자아이입니다. 하윤이는 눈이 큽니다. 그림 그리기를 좋아해서 언제나 색연필을 가지고 다닙니다.

(나) 제 단짝 친구는 남자아이입니다. 야구를 좋아하는 것 같습니다. 집에 갈 때 자주 만납니다. 잘하는 것도 많은 것 같습니다.

(   )

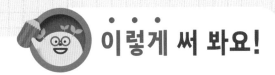

1 내가 소개하고 싶은 사람은 누구인지 쓰세요.

```
┌─────────────────────────────────────────────┐
│                                             │
│                                             │
│                                             │
│                                             │
└─────────────────────────────────────────────┘
```

•••
소개하고 싶은 사람
에 대해 어떤 내용을
소개하면 좋을지 떠
올려 보세요.

2 **1**에서 답한 사람을 소개할 때, 소개하고 싶은 내용을 두 가지 더 쓰세요.

• 소개할 사람의 이름

• 소개할 사람의 모습

• _____

• _____

•••
소개하고 싶은 내용
에 대해 문장으로 간
단히 정리해 보세요.

3 **2**에서 답한 내용을 간단히 정리하여 써 보세요.

이름	
모습	

4 **3**에서 정리한 내용을 바탕으로 하여 사람을 소개하는 글을 쓰세요.

글

1주 『글자가 사라진다면』 윤아해 · 육길나 · 김재숙 글 | 뜨인돌어린이 | 2008년

2주 『노란색 운동화』 윤지수 글 | 듬뿍 | 2016년

사진

84쪽 「초충도」 신사임당 | 문화재청

▸ 위에 제시되지 않은 사진이나 이미지는 사용료를 지불하고 셔터스톡 코리아에서 대여했음을 밝힙니다.

▸ 길벗스쿨은 이 책에 실린 모든 글과 사진의 출처를 찾기 위해 최선의 노력을 기울였습니다.
  저작권자를 찾지 못해 허락을 받지 못한 글과 사진은 저작권자가 확인되는 대로 통상의 사용료를 지불하겠습니다.

앗!

본책의 가이드북을 분실하셨나요?
길벗스쿨 홈페이지에 들어오시면
내려받으실 수 있습니다.

기적의
독서 논술

가이드북

1 권

가이드북 활용법

독해 문제의 경우에만 정답을 확인하시고 정오답을 체크해 주시면 됩니다.

낱말 탐구에 제시된 어휘의 뜻은 국립국어원의 국어사전 내용을 기준으로 풀이하여 실었습니다.

그 외 서술·논술형 문제에 해당하는 예시 답안은 참고만 하셔도 됩니다.

아이의 다양한 생각이 예시 답과 다르다고 하여 틀렸다고 결론 내지 마세요.

아이 나름대로 근거가 있고, 타당한 대답이라면 정답으로 인정합니다.

이치에 맞지 않은 답을 한 경우에만 수정하고 정정할 기회를 주시기 바랍니다.

답을 찾는 과정에 집중해 주세요.

다소 엉뚱하지만 창의적이고,

기발하면서 논리적인 대답에는 폭풍 칭찬을 잊지 마세요!

부디 너그럽고 논리적인 독서 논술 가이드가 되길 희망합니다.

1주 글자가 사라진다면

읽기 전 **생각 열기** 14~15쪽

예 자음자, 모음자들이 사라지고 아이가 사라진 자음자와 모음자를 찾으러 가는 내용이 펼쳐질 것이다.

읽기 전 **낱말 탐구** 16~17쪽

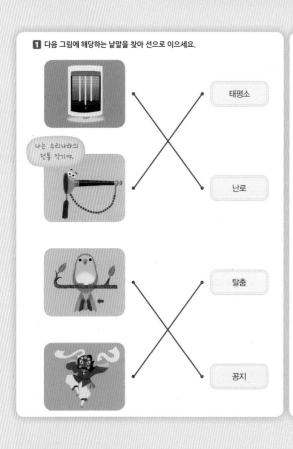

낱말 탐구

+ **태평소**: 나팔 모양으로 된 우리나라 고유의 관악기.
+ **난로**: 난방 장치의 하나. 나무, 석탄, 석유, 가스 따위의 연료를 때거나 전기를 이용하여 열을 내어 방 안의 온도를 올리는 기구.
+ **탈춤**: 탈을 쓰고 추는 춤.
+ **꽁지**: 새의 꽁무니에 붙은 깃.

+ **다행**: 뜻밖에 일이 잘되어 운이 좋음.
+ **지독하다**: 맛이나 냄새 따위가 해롭거나 참기 어려울 정도로 심하다.
+ **발사**: 활ㆍ총포ㆍ로켓이나 광선ㆍ음파 따위를 쏘는 일.
+ **덩실덩실**: 신이 나서 팔다리를 흥겹게 자꾸 놀리며 춤을 추는 모양.

내용 확인 **1** 글자 **2** 목욕탕에서 하는 물장난 **3** 방귀 **4** ㅈ **5** 탈춤 **6** 고마운 마음

1 이 글에는 글자가 사라진다면 어떤 일이 일어날지 상상한 내용이 나와 있습니다.

2 'ㅁ'이 사라진다면 목욕탕에서 하는 물장난을 할 수 없다고 상상했습니다.

3 "지독한 방귀 냄새는 사라져서 좋겠다."라고 했으므로 방귀가 사라지는 일은 좋아합니다.

4 전쟁, 지진, 자연에는 모두 자음자 'ㅈ'이 들어 있습니다.

5 카드, 케이크, 크리스마스에는 모두 자음자 'ㅋ'이 들어 있고, 탈춤에는 자음자 'ㅋ'이 들어 있지 않습니다.

6 글쓴이는 세종 대왕 할아버지가 만든 한글이 꼭 필요하다고 생각하므로 한글을 만든 세종 대왕에게 고마운 마음이 들었을 것입니다.

1 『글자가 사라진다면』의 내용을 정리하며 ○ 안에 알맞은 자음자를 쓰세요.

ㄱ 이 사라진다면
고릴라랑 기린을 볼 수 없어.

ㄴ 이 사라진다면
눈이 내리지 않아 눈사람을 만들 수 없어.

ㄷ 이 사라진다면
동네마다 담벼락이 보이지 않겠지.

ㄹ 이 사라진다면
'리 리 리 자로 끝나는 말은' 노래도 못 해.

ㅁ 이 사라진다면
목욕탕에서 물장난도 할 수 없어.

ㅂ 이 사라진다면
별도 볼 수 없고, 별똥별에 소원도 빌 수 없어.

ㅅ 이 사라진다면
숨바꼭질도 못 하고 송아지도 볼 수 없어.

ㅇ 이 사라진다면
우주선이 없어서 우주 여행도 못 가.

ㅈ 이 사라진다면
전쟁과 지진, 지구도 사라질 거야.

ㅊ 이 사라진다면
책도 볼 수 없고, 축구도 하지 못 해.

ㅋ 이 사라진다면
카드도 만들 수 없고, 케이크도 먹을 수 없어.

ㅌ 이 사라진다면
태권도도 할 수 없고, 태평소도 불 수 없어.

ㅍ 이 사라진다면
풀밭에서 놀 수도 없고, 풀꽃반지도 못 만들어.

ㅎ 이 사라진다면
세종 대왕 할아버지가 만든 한글도 사라져.

ㄱ, ㄴ, ㄷ…
글자는 아주 중요해.

1 자음자나 모음자가 사라지면 어떤 일이 일어날지 상상하여 자유롭게 쓰세요.

자음자 'ㄱ~ㅎ' 중 한 가지를 고르고, 그 자음자가 들어간 낱말이 사라지면 일어날 일을 상상해 봐.

자음자 'ㄱ'이 사라진다면
예 내가 좋아하는 강아지를 키울 수 없을 거야.

자음자 ㅋ 이 사라진다면
예 코딱지가 사라질 거야.
'ㅇ'/ 내가 좋아하는 옥수수를 못 먹을 거야.

모음자 'ㅏ~ㅣ' 중 한 가지를 고르고, 그 모음자가 들어간 낱말이 사라지면 일어날 일을 상상해 봐.

모음자 'ㅏ'가 사라진다면
예 아빠가 사라질 거야. 그러면 정말 슬플 거야.

모음자 ㅡ 가 사라진다면
예 그릇이 사라질 거야. 그러면 내가 좋아하는 밥을 못 먹을 거야.

2 친구들이 초성 퀴즈를 풀며 말놀이를 하고 있어요. 빈칸에 알맞은 말을 넣어 말놀이를 완성해 보세요.

ㄱ ㄱ 으로 이루어진 낱말 말하기
가게   기간   예 가구 / 가격 / 기구 / 기계

ㅇ ㅇ 으로 이루어진 낱말 말하기
오이   이웃   예 우유 / 요요 / 위인 / 이용

ㅅ ㅈ 으로 이루어진 낱말 말하기
시장   서점   예 사자 / 소질 / 수조

해설

1 자음자나 모음자 중에서 한 가지를 골라 그 자음자와 모음자가 들어간 낱말이 사라졌을 때 일어날 일을 알맞게 썼으면 정답으로 합니다.

2 첫소리가 'ㄱ, ㄱ'으로 이루어진 낱말, 'ㅇ, ㅇ'으로 이루어진 낱말, 'ㅅ, ㅈ'으로 이루어진 낱말을 넣어 썼으면 정답으로 합니다.

3 글자가 모두 사라지면 어떤 일이 일어날지 상상하여 쓰세요.

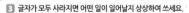

예 글자가 모두 사라졌으니 동화책을 읽을 수 없구나. 너무 슬프다!

예 글자가 모두 사라졌으니 공부를 하지 않아도 되겠네? 야호!

예 엄마, 아빠께 사랑하는 마음을 전하는 편지를 쓸 수 없다. / 신문을 읽을 수 없어서 세상 이야기를 알 수 없다.

4 우리가 쓰고 있는 글자는 세종 대왕이 만든 한글이에요. 세종 대왕을 만난다면 어떤 말을 하고 싶은지 쓰세요.

예 한글을 만들어 주셔서 감사합니다. / 소중한 한글이 사라지지 않도록 우리 말을 더욱 아끼고 사랑할게요.

5 우리 주변에서 글자처럼 사라지면 안 되는 소중한 것을 생각해 보고, 그렇게 생각하는 까닭과 함께 쓰세요.

예 우리 가족이 사라지면 안 된다. 그 까닭은 우리 가족이 사라지면 너무 무섭고 외로울 것 같아서이다.

예 학교 (이)가 사라지면 안 된다. 그 까닭은
학교가 사라지면 친구들과 함께 배우고 생활하며 지내는 시간도 없어지기 때문이다.

3 글자가 모두 사라졌을 때 생길 수 있는 불편한 점이나 좋은 점이 드러나게 썼으면 정답으로 합니다.

4 세종 대왕에게 고마운 마음이나 궁금한 점, 한글에 대한 자신의 생각이나 느낌이 드러나게 썼으면 정답으로 합니다.

5 사라지면 안 되는 소중한 것과 그 까닭을 알맞게 썼으면 정답으로 합니다.

2주 노란색 운동화

읽기 전 **생각 열기**

38~39쪽

예 주인의 사랑을 받던 노란색 운동화가 시간이 지나 더 이상 필요 없게 되면서 신발장 한쪽에 머물게 된다는 내용이 펼쳐질 것이다.

읽기 전 **낱말 탐구**

40~41쪽

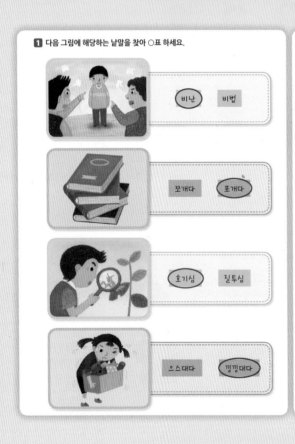

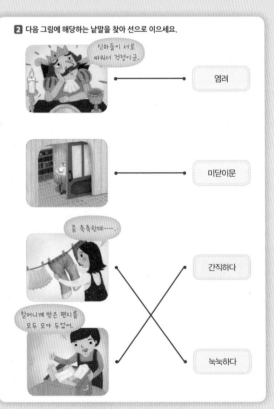

낱말 탐구

+ **비난:** 남의 잘못이나 결점을 책잡아서 나쁘게 말함.

+ **포개다:** 놓인 것 위에 또 놓다.

+ **호기심:** 새롭고 신기한 것을 좋아하거나 모르는 것을 알고 싶어 하는 마음.

+ **낑낑대다:** 몹시 아프거나 힘에 겨워 괴롭게 자꾸 소리를 내다.

+ **염려:** 앞일에 대하여 여러 가지로 마음을 써서 걱정함. 또는 그런 걱정.

+ **미닫이문:** 옆으로 밀어서 열고 닫게 되어 있는 문.

+ **간직하다:** 물건 따위를 어떤 장소에 잘 간수하여 두다.

+ **눅눅하다:** 축축한 기운이 약간 있다.

내용 확인   **1** 뾰족구두   **2** 신발장 안이 좁은 것   **3** 부러운 마음   **4** 바닥   **5** (2) ○   **6** 정빈이의 동생

1 얼마 전 신발장에 새로 들어온 엄마의 구두는 빨간 뾰족구두입니다.

2 신발장 안에 있는 신발들은 신발장 안이 너무 좁고 답답해 불만이었습니다.

3 노란색 운동화 가족은 몸집이 커서 신발장의 자리를 많이 차지했고, 값비싼 기능성 신발이었기 때문에 다른 신발들의 부러움과 질투를 받았습니다.

4 노란색 아기 운동화의 도움으로 아기 샌들의 몸이 바닥에서 떨어졌고, 아기 샌들은 자유롭게 몸을 움직일 수 있게 되었습니다.

5 정빈이가 훌쩍 자라면서 발에 맞지 않는 노란색 아기 운동화는 더 이상 정빈이에게 필요하지 않았습니다.

6 정빈이 엄마는 신발장 한쪽 구석에 있던 노란색 아기 운동화를 집어 올리며 소중히 간직했다가 곧 태어날 정빈이의 동생에게 물려주어야겠다고 말했습니다.

1 『노란색 운동화』에서 일어난 일의 차례를 생각하며 빈칸에 알맞은 말을 쓰세요.

①
정빈이네 가족이 봄맞이 쇼핑을 다녀온 이후 **노 란 색** 운동화 가족은 신발장으로 들어오게 되었다.

②
노란색 아기 운동화가 힘껏 끌어당겨 **분 홍 색** 아기 샌들의 몸이 바닥에서 떨어지도록 도와주었고, 둘은 친구가 되었다.

③
엄마 운동화는 노란색 아기 운동화가 **짝 꿍** 을 잃어버려서 필요하지 않게 될까 봐 항상 걱정했다.

④
시간이 흘러 정빈이의 **발** 이 커지면서 노란색 아기 운동화는 더 이상 정빈이에게 필요하지 않게 되었다.

⑤
정빈이 엄마는 평소 잘 신지 않던 신발들을 정리했고, 신발들은 **새 주 인** 을 만난다는 생각에 기뻐했다.

⑥
정빈이 엄마는 구석에 있던 노란색 아기 운동화를 집어 올리며 곧 태어날 정빈이의 **동 생** 에게 물려줘야겠다고 말했다.

1 다음 상황에서 노란색 아기 운동화는 어떤 생각을 했을지 상상하여 쓰세요.

2 『노란색 운동화』에 나온 다음 신발들이 재활용 수거함에 담겼을 때 어떤 주인을 만나고 싶어 할지 쓰세요.

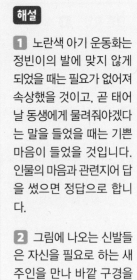

해설

1 노란색 아기 운동화는 정빈이의 발에 맞지 않게 되었을 때는 필요가 없어져 속상했을 것이고, 곧 태어날 동생에게 물려줘야겠다는 말을 들었을 때는 기쁜 마음이 들었을 것입니다. 인물의 마음과 관련지어 답을 썼으면 정답으로 합니다.

2 그림에 나오는 신발들은 자신을 필요로 하는 새 주인을 만나 바깥 구경을 하고 싶어 했습니다. 그림에 나오는 신발들이 만나고 싶어 하는 주인을 알맞게 상상하여 썼으면 정답으로 합니다.

3 지금은 사용하지 않는 물건을 어떻게 하면 다시 활용할 수 있을지 상상하며 다음 물음에 대한 답을 쓰세요.

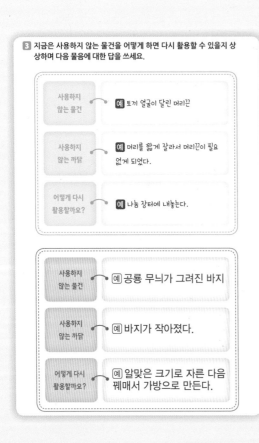

4 나에게 필요 없는 물건을 나눔 장터에서 팔려고 해요. 가게 이름을 정하고, 팔고 싶은 물건을 소개해 보세요.

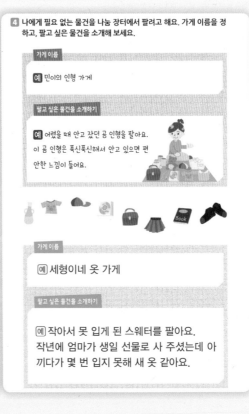

3 지금은 쓰지 않거나 쓸모가 없어진 물건을 떠올려 사용하지 않는 까닭과 활용할 방법을 알맞게 썼으면 정답으로 합니다.

4 가게 이름에 어떤 물건을 파는 가게인지 잘 드러나고, 물건이 잘 팔리도록 물건의 특징을 알맞게 소개했으면 정답으로 합니다. 설명이 어려워 그림으로 표현한 경우도 정답으로 인정합니다.

3주 재주 많은 다섯 친구

읽기 전 생각 열기

62~63쪽

예 다섯 친구가 자신들을 잡아먹으려는 호랑이들을 재주를 이용하여 물리친다는 내용이 펼쳐질 것이다.

ㄱㅎ 읽기 전 낱말 탐구

64~65쪽

1 다음 그림에 해당하는 낱말을 찾아 ○표 하세요.

단지 / 둥지
수레 / 지게
히죽 / 넙죽
옷고름 / 옷소매
띄우다 / 세우다
둑 / 덕

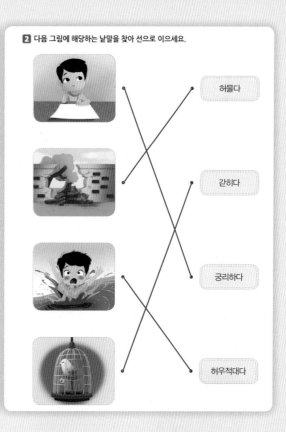

2 다음 그림에 해당하는 낱말을 찾아 선으로 이으세요.

허물다
갇히다
궁리하다
허우적대다

낱말 탐구

+ **단지:** 목이 짧고 배가 부른 작은 항아리.
+ **지게:** 짐을 얹어 사람이 등에 지는 우리나라 고유의 운반 기구.
+ **넙죽:** 몸을 바닥에 너부죽하게 대고 빨리 엎드리는 모양.
+ **옷고름:** 저고리나 두루마기의 깃 끝과 그 맞은편에 하나씩 달아 양편 옷깃을 여밀 수 있도록 한 헝겊 끈.
+ **띄우다:** 물 위나 공중에 있게 하거나 위쪽으로 솟아오르게 하다.

+ **둑:** 하천이나 호수의 물, 바닷물의 범람을 막기 위하여 설치하는, 흙이나 콘크리트 따위로 만든 구축물.
+ **허물다:** 쌓이거나 짜이거나 지어져 있는 것을 헐어서 무너지게 하다.
+ **갇히다:** 사람이나 동물이 벽으로 둘러싸이거나 울타리가 있는 일정한 장소에 넣어져 밖으로 나오지 못하게 되다.
+ **궁리하다:** 마음속으로 이리저리 따져 깊이 생각하다.
+ **허우적대다:** 손발 따위를 자꾸 이리저리 마구 내두르다.

내용 확인 **1** 단지 안에서 태어나서 **2** 콧김손이 **3** 세상 구경 **4** 호랑이 **5** 다섯 친구 **6** 호랑이를 속여서

1 단지 안에서 태어나서 부부는 '단지손이'라는 이름을 지어 주었습니다.

2 단지손이는 세상 구경을 하다가 콧김이 센 재주를 가진 콧김손이를 만났습니다.

3 단지손이, 콧김손이, 오줌손이, 배손이, 무쇠손이는 친구가 되어 세상 구경을 하러 함께 떠났습니다.

4 다섯 친구가 외딴집에서 만난 할머니와 네 아들은 사실 호랑이였습니다.

5 나무하기 내기, 둑 쌓기 내기, 나무 쌓기 내기 모두 다섯 친구가 이겼습니다.

6 다섯 친구는 각자가 가진 특별한 재주를 이용했고, 서로 힘을 합쳐서 호랑이들을 물리칠 수 있었습니다.

1 『재주 많은 다섯 친구』에서 일어난 일의 차례를 생각하며 빈칸에 알맞은 말을 쓰세요.

① **단 지 손 이** 는 콧김손이, 오줌손이, 배손이, 무쇠손이를 만나 함께 세상 구경을 떠났다.

② 밤이 되어 다섯 친구는 외딴집으로 갔고, **호 랑 이** 들은 다섯 친구를 잡아먹을 궁리를 했다.

③ 다음 날 아침이 되자, 호랑이들은 **나 무 하 기** 내기를 하자고 했고, 다섯 친구가 이겼다.

④ 두 번째로, 호랑이들은 **둑** 쌓기 내기를 하자고 했고, 또 다섯 친구가 이겼다.

⑤ 마지막으로 나무 쌓기 내기를 하던 호랑이들은 질 것 같자, 나뭇단에 **불** 을 붙였다.

⑥ **오 줌 손 이** 가 눈 오줌으로 불을 껐고, 친구들은 재주를 이용하여 호랑이들을 물리쳤다.

⑦ 호랑이들을 물리친 다섯 친구는 세상 구경을 하기 위해 또다시 함께 길을 떠났다.

1 내기에서 진 호랑이들은 어떤 생각을 했을지 상상하여 쓰세요.

✎ 예 그냥 어젯밤에 몰래 다가가 잡아먹어 버릴걸! / 저런 재주가 있는 줄도 모르고 겉모습만 보고 너무 우습게 생각했어.

2 호랑이들과의 내기에서 이긴 다섯 친구의 마음을 상상하여 서로에게 어떤 말을 할지 쓰세요.

✎ 예 우리가 힘을 합쳤기 때문에 호랑이들을 물리칠 수 있었어. / 우리가 가진 재주를 이용하면 앞으로 못하는 일이 없을 것 같아.

3 또다시 길을 떠난 다섯 친구가 다음 상황을 겪게 된다면 어떻게 문제를 해결할지 상상하여 쓰세요.

　가시가 많은 숲길을 만난다면

✎ 예 콧김손이가 콧김으로 가시를 모두 날려 버린다. / 무쇠손이가 친구들을 하나씩 업고 지나간다. / 오줌손이가 오줌을 누어 강을 만든 뒤에 다섯 친구들이 배손이의 배를 타고 지나간다. / 단지손이가 두 손으로 뾰족한 가시를 재빠르게 없앤다.

4 다음 그림 속 친구는 작가가 되고 싶은데 글 쓰는 재주가 없어서 고민이래요. 친구는 재주가 없어서 꿈을 이룰 수 없을까요? 내 생각을 정하여 ○표 하고, 그렇게 생각한 까닭을 쓰세요.

재주가 없으면 꿈을 이룰 수 없다.	재주가 없어도 꿈을 이룰 수 있다.

✎ 예 열심히 노력하면 글 쓰는 실력을 키울 수 있기 때문이다.

5 나의 재주를 생각해 보고, 그 재주를 가진 나는 미래에 어떤 모습일지 상상하여 그려 보세요. 그리고 그림 속 내 모습을 설명해 보세요.

　나의 재주

예 그림을 잘 그린다.

　미래의 내 모습 그리고 설명하기

✎ 예 내가 화가가 되어 전시회를 연 모습이다. 내 그림을 보기 위해 많은 사람들이 전시회에 왔다.

해설

1 호랑이들은 자신들이 내기에서 반드시 이길 것이라고 생각했습니다. 따라서 내기를 후회하는 말이나 다섯 친구의 재주를 부러워하는 말 등 상황에 어울리는 생각을 썼으면 정답으로 합니다.

2 다섯 친구는 내기에서 이겨 기쁜 마음, 힘을 합쳐 싸워 준 친구들에게 고마운 마음이 들 것입니다. 인물의 마음이 드러나게 답을 썼으면 정답으로 합니다.

3 다섯 친구의 재주를 이용하여 어울리는 해결 방법을 썼으면 정답으로 합니다.

4 '재주가 없으면 꿈을 이룰 수 없다. 아무리 노력해도 작가가 될 정도로 글 쓰는 실력을 키울 수는 없기 때문이다.'와 같이 생각할 수도 있습니다.

5 자신이 가진 재주와 관련지어 미래의 모습을 자유롭게 그리고 설명했으면 정답으로 합니다.

4주 우리는 한 가족

예 엄마가 편찮으셔서 아이가 할아버지, 할머니 댁으로 가게 되고, 잠시 친척들과 생활하게 되는 내용이 펼쳐질 것이다.

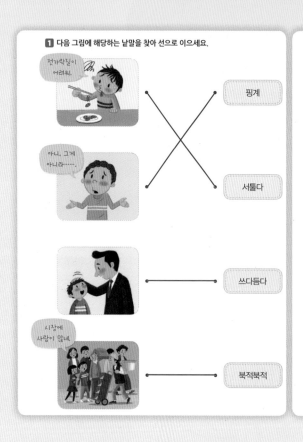

낱말 탐구

◆ **핑계:** 내키지 아니하는 사태를 피하거나 사실을 감추려고 방패막이가 되는 다른 일을 내세움.

◆ **서툴다:** 일 따위에 익숙하지 못하여 다루기에 설다.

◆ **쓰다듬다:** 손으로 살살 쓸어 어루만지다.

◆ **북적북적:** 많은 사람이 한곳에 모여 매우 수선스럽게 잇따라 들끓는 모양.

◆ **훌쩍:** 보통의 경우보다 훨씬 더 크거나 커진 모양.

◆ **마중:** 오는 사람을 나가서 맞이함.

◆ **안마:** 손으로 몸을 두드리거나 주물러서 피의 순환을 도와 주는 일.

◆ **도란도란:** 여럿이 나직한 목소리로 서로 정답게 이야기하는 소리. 또는 그 모양.

◆ **깨닫다:** 사물의 본질이나 이치 따위를 생각하거나 궁리하여 알게 되다.

◆ **잡아끌다:** 손으로 잡고 끌다.

내용 확인 　**1** 엄마　**2** 고마운 마음　**3** 고모　**4** 고모부, 큰아버지　**5** 아빠의 어렸을 때 모습　**6** 친척

1 서우는 엄마가 교통사고를 당해 병원에 입원하셔서 힘없이 있었습니다.

2 서우는 엄마를 간호하고 돌봐 주러 오신 이모께 감사 인사를 했습니다.

3 '고모'라는 말(호칭)은 아빠의 누나 또는 여동생을 가리키는 말입니다.

4 서우는 할아버지 댁에서 할머니, 할아버지, 큰아버지와 큰어머니, 고모부와 고종사촌 언니를 만났습니다.

5 서우는 아빠의 고향 마을을 구경하면서 아빠의 어렸을 때 모습을 상상했습니다.

6 집에 돌아온 서우는 친척들을 자주 만났으면 좋겠다는 생각을 했습니다.

 102~103쪽

1 서우에게 일어난 일을 장소에 따라 정리하며 빈칸에 알맞은 말을 쓰세요.

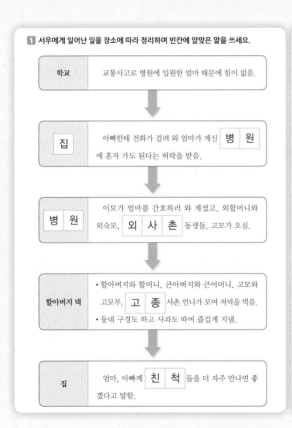

학교	교통사고로 병원에 입원한 엄마 때문에 힘이 없음.
집	아빠한테 전화가 걸려 와 엄마가 계신 **병 원**에 혼자 가도 된다는 허락을 받음.
병 원	이모가 엄마를 간호하러 와 계셨고, 외할머니와 외숙모, **외 사 촌** 동생들, 고모가 오심.
할아버지 댁	• 할아버지와 할머니, 큰아버지와 큰어머니, 고모와 고모부, **고 종** 사촌 언니가 모여 저녁을 먹음. • 동네 구경도 하고 사과도 따며 즐겁게 지냄.
집	엄마, 아빠께 **친 척**들을 더 자주 만나면 좋겠다고 말함.

2 서우의 친척 관계를 알맞게 정리해 보세요.

1 다음 친척 관계도를 살펴보고, 자신의 친척 관계도를 만들어 보세요.

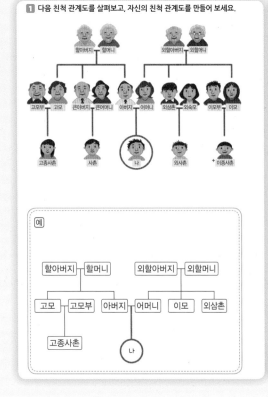

2 가족이나 친척 중에서 소개하고 싶은 사람을 정하여 소개 카드를 만들어 보세요.

해설

1 친척을 부르는 말을 알맞게 써서 자신의 친척 관계도에 맞게 만들었으면 정답으로 합니다.

2 가족이나 친척 중에서 특별히 소개하고 싶은 사람을 떠올려 소개할 내용을 정하고 소개 카드를 만들어 봅니다. 잘하는 것, 별명, 취미, 좋아하는 것 등에 대해 잘 드러나게 썼으면 정답으로 합니다.

3 가족마다 사는 모습이 달라요. 다음 가족의 형태를 살펴보고, 나는 어떤 가족의 형태로 살고 싶은지 까닭과 함께 쓰세요.

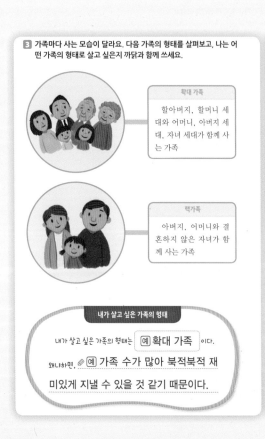

4 요즘은 친척과 가깝게 지내는 사람들이 점점 줄어들고 있어요. 친척과 자주 만날 수 있게 우리 집만의 친척 행사를 만들어 보세요.

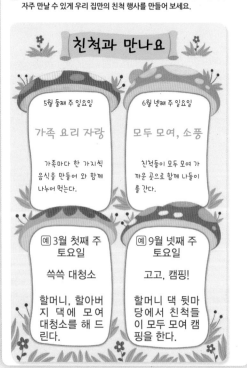

3 확대 가족은 어른들과 함께 살며 삶의 지혜와 예절을 배울 수 있으나, 많은 가족 수 때문에 나만의 공간을 갖기가 힘들 수도 있습니다. 확대 가족의 좋은 점은 핵가족의 나쁜 점이 될 수 있고, 확대 가족의 나쁜 점은 핵가족의 좋은 점이 될 수 있습니다. 내가 살고 싶은 가족의 형태와 까닭을 알맞게 썼으면 정답으로 합니다.

4 행사 제목을 적절하게 쓰고, 무엇을 하는지 자세히 썼으면 정답으로 합니다.

37쪽

★ 고양이들이 파티에 초대되어 모여 있어요.
방 안에 고양이가 모두 몇 마리 있는지 세어 보세요.

16 마리

61쪽

★ 집에서 신을 실내화를 샀어요.
여러 가지 모양이나 선으로 꾸며서 나만의 특별한 실내화를 만들어 보세요.

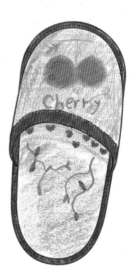

85쪽

★ 그림 속 아이의 표정을 상상하여 그려 보세요.

109쪽

재미로 보는 **심리 테스트 결과**

① 아마릴리스

아마릴리스의 꽃말은 '은은한 아름다움'. 은은한 매력을 가진 당신은 처음에는 낯을 가리지만 친해지면 수다쟁이로 변신해요.

② 수국

수국의 꽃말은 '변덕'. 통통 튀는 매력을 가진 당신은 변덕을 부리기도 하지만 미워할 수 없는 사랑스러움을 지녔어요.

③ 아이비

아이비의 꽃말은 '행운이 함께하는 사랑'. 당신은 길게 뻗어나가는 아이비처럼 많은 친구들과 쉽게 친해지고 주변 사람들을 행복하게 만들어 줘요.

④ 히아신스

히아신스의 꽃말은 '겸손한 사랑'. 당신은 몽글몽글 피어난 히아신스처럼 마음속에 사랑을 간직하고 있어요. 누구보다 사랑이 넘치지만 표현하지 않아요.

그림일기 어떻게 쓸까요?

114~117쪽

1 찬영　　**2** (2)○　　**3** ㉯　　**4** (2)○
5 발표　　**6** ㉯　　**7** (1)○　　**8** 은정
9 (1) ㉯ (2) ㉱ (3) ㉮

1 그림일기는 하루 동안 겪은 일 중에서 가장 기억에 남는 일을 한 가지 골라 씁니다. 민준이는 하루 동안 겪은 일 중에서 가장 기억에 남는 일을 한 가지 골라 써야 하고, 아영이와 시은이는 매일 일어나는 평범한 일보다 특별한 일을 떠올려 써야 합니다.

2 유정이는 매일 일어나는 평범한 일을 그림일기로 쓰려고 하므로 (2)의 내용을 말해 주어야 합니다.

3 그림일기의 맨 위에는 날짜와 요일, 날씨를 써야 하는데 ㉮는 날씨를 쓰지 않았습니다.

4 정훈이는 그림일기에 날짜와 날씨는 썼지만 요일은 쓰지 않았습니다.

5 글감 또는 생각이나 느낌이 잘 드러나는 제목은 '발표'입니다.

6 배가 아파 병원에 간 일을 쓴 그림일기이므로, 의사 선생님께 진찰을 받는 그림이 알맞습니다.

7 아빠와 동물원에 간 내용이므로, 그림 (1)이 어울립니다. (2)는 친구와 시소를 타는 모습을 그린 그림입니다.

8 승기는 언제 어떤 일을 도와드렸는지 있었던 일을 자세하게 쓰지 않았습니다.

9 친구와 다툰 일, 준비물을 안 가져와서 짝에게 빌린 일, 반 친구들 앞에서 노래를 부른 일에 대한 생각이나 느낌으로 알맞은 것을 찾아 선으로 이어 봅니다.

이렇게 써 봐요!

1 내가 하루 동안 겪은 일 중에서 가장 기억에 남는 일을 한 가지 쓰세요.

> 예 바다에서 공놀이를 한 일

2 **1**에서 답한 일을 떠올려 빈칸에 들어갈 내용을 정리하여 쓰세요.

언제	예 점심때
어디에서	예 바다에서
있었던 일	예 가족과 함께 공놀이를 했다.
생각이나 느낌	예 너무 재미있었고 행복했다.

3 **2**에서 정리한 내용을 바탕으로 하여 그림일기를 쓰려고 합니다. 어떤 내용의 그림이 어울릴지 생각하여 쓰세요.

> 예 바다에서 가족과 함께 공놀이하는 그림

4 **2**와 **3**에서 답한 내용을 바탕으로 하여 그림일기를 쓰세요.

20○○년 예 8월　2일　금 요일　　날씨: 햇빛이 쨍쨍

제목:　신나는 공놀이

	점	심	을		먹	고		가	족	들
과		바	다	에		들	어	가		공
놀	이	를		했	다	.		물	속	에 서
하	는		공	놀	이	가		너	무	
재	미	있	었	고		가	족	들	과	
놀	아	서		행	복	했	다	.		

사람을 소개하는 글 어떻게 쓸까요?

1 (1) ○ (2) ○ **2** 서진 **3** (2) ○
4 (1) ㉰ (2) ㉮ (3) ㉯ **5** (2) ○ **6** ㉡
7 해율 **8** ㉮

1 (3)과 (4)는 사람을 소개하는 글에서 소개할 대상으로 알맞지 않습니다.

2 세은이는 짝의 이름과 성별이 아니라 짝의 모습을 떠올린 것입니다.

3 짝이 잘하는 것을 소개했습니다.

4 (1)은 성별, (2)는 성격, (3)은 인물의 모습을 알 수 있는 내용입니다.

5 (1)에서 형이 지우개가 많다는 것이나 파란색 가방을 가지고 다닌다는 것은 형의 특징이 드러나는 중요한 내용이 아닙니다. (3)에는 형에 대해 소개하는 글에 필요 없는 내용이 들어 있습니다.

6 ㉡ 피아노 소리는 언제 들어도 아름답다는 것은 채원이를 소개하는 글에 어울리지 않는 내용입니다.

7 누나의 성격이 어떠한지, 무엇을 잘하는지, 소개하는 내용을 자세하게 써야 합니다.

8 글 (나)는 단짝 친구의 이름도 쓰지 않았고, 소개하는 사람의 특징도 잘 드러나지 않았으며 소개할 내용을 정확하고 자세하게 쓰지도 않았습니다.

이렇게 써 봐요!

1 내가 소개하고 싶은 사람은 누구인지 쓰세요.

> 예 엄마

2 **1**에서 답한 사람을 소개할 때, 소개하고 싶은 내용을 두 가지 더 쓰세요.

- 소개할 사람의 이름
- 소개할 사람의 모습
- 예 소개할 사람의 성격
- 예 소개할 사람의 취미

3 **2**에서 답한 내용을 간단히 정리하여 써 보세요.

이름	예 박민숙
모습	예 얼굴이 작고 눈이 크며 안경을 쓰셨습니다.
예 성격	예 친절하시고 잘 웃으십니다.
예 취미	예 요리이고, 햄버그스테이크를 잘하십니다.

4 **3**에서 정리한 내용을 바탕으로 하여 사람을 소개하는 글을 쓰세요.

> 예 우리 엄마의 이름은 박민숙입니다.
>
> 엄마는 얼굴이 작고 눈이 크시며 안경을 쓰셨습니다.
>
> 엄마는 우리에게 친절하게 대해 주시고 항상 잘 웃으십니다.
>
> 요리가 취미이신 엄마는 날마다 우리 가족에게 맛있는 음식을 해 주십니다. 엄마가 제일 잘하시는 요리는 햄버그스테이크입니다.

독 서 노 트

내가 읽은 책은?

책 제목	글자가 사라진다면
글쓴이	윤아해, 육길나, 김재숙

1 이 글을 읽고 기억에 남는 장면과 그 까닭을 쓰세요.

✔ 기억에 남는 장면

[예] ㅍ이 사라진다면 하늘과 바다는 무슨 색이 될지 상상하는 장면

✔ 그 까닭

[예] 하늘과 바다가 내가 좋아하는 분홍색으로 바뀐 모습을 상상하니 재미있기 때문이다.

2 이 글을 읽고 어떤 생각이나 느낌이 들었는지 쓰세요.

[예] 소중한 한글을 바르게 써야겠다는 생각을 했다. / 한글을 만들어 준 세종 대왕께 고마운 마음이 들었다.

만족도   · 재미 ·   · 지식 ·   · 감동 ·   총 평점

★★★★★ ★★★★★ ★★★★★ ★★★★★

※ 가이드북 16쪽에 있는 예시 답안을 확인하세요.

내가 읽은 책은?

책 제목	노란색 운동화
글쓴이	윤지수

1 이 글을 읽고 기억에 남는 장면과 그 까닭을 쓰세요.

✔ 기억에 남는 장면

[예] 노란색 아기 운동화가 분홍색 아기 샌들을 도와주는 장면

✔ 그 까닭

[예] 다른 사람이 어려움에 처했을 때 망설이지 않고 도와주었기 때문이다.

2 이 글을 읽고 어떤 생각이나 느낌이 들었는지 쓰세요.

[예] 신발들이 사람처럼 이야기를 한다고 상상한 점이 재미있다. / 작은 물건이라도 함부로 버리지 않아야겠다.

만족도   · 재미 ·   · 지식 ·   · 감동 ·   총 평점

★★★★★ ★★★★★ ★★★★★ ★★★★★

※ 가이드북 16쪽에 있는 예시 답안을 확인하세요.

내가 읽은 책은?

책 제목	재주 많은 다섯 친구
글쓴이	

1 이 글을 읽고 기억에 남는 장면과 그 까닭을 쓰세요.

✔ 기억에 남는 장면

[예] 호랑이들이 오줌 바다에 빠져 허우적대는 장면

✔ 그 까닭

[예] 호랑이들이 냄새나는 오줌 바다에 빠져 허우적대는 모습이 떠올라 재미있기 때문이다.

2 이 글을 읽고 어떤 생각이나 느낌이 들었는지 쓰세요.

[예] 나도 다섯 친구처럼 특별한 재주가 있었으면 좋겠다. / 힘을 합쳐 호랑이들을 물리친 다섯 친구를 칭찬해 주고 싶다.

만족도   · 재미 ·   · 지식 ·   · 감동 ·   총 평점

★★★★★ ★★★★★ ★★★★★ ★★★★★

※ 가이드북 16쪽에 있는 예시 답안을 확인하세요.

내가 읽은 책은?

책 제목	우리는 한 가족
글쓴이	박은숙

1 이 글을 읽고 기억에 남는 장면과 그 까닭을 쓰세요.

✔ 기억에 남는 장면

[예] 서우가 이모에게 고맙다는 인사를 하는 장면

✔ 그 까닭

[예] 엄마를 사랑하는 서우의 마음이 잘 느껴졌기 때문이다.

2 이 글을 읽고 어떤 생각이나 느낌이 들었는지 쓰세요.

[예] 친척들과 좀 더 가깝게 지내야겠다는 생각이 들었다. / 가족이 얼마나 소중한지 다시 한 번 생각하게 되었다.

만족도   · 재미 ·   · 지식 ·   · 감동 ·   총 평점

★★★★★ ★★★★★ ★★★★★ ★★★★★

※ 가이드북 16쪽에 있는 예시 답안을 확인하세요.

기적의 학습서
오늘도 한 뼘 자랐습니다

길벗스쿨

기적의 학습서, 제대로 경험하고 싶다면?
학습단에 참여하세요!

꾸준한 학습!

풀다 만 문제집만 수두룩? 기적
의 학습서는 스케줄 관리를 통해
꾸준한 학습을 가능케 합니다.

푸짐한 선물!

학습단에 참여하여 꾸준히 공부
만해도 상품권, 기프티콘 등 칭
찬 선물이 쏟아집니다.

알찬 학습팁!

엄마표 학습의 고수가 알려주는
학습 팁과 노하우로 나날이 발전
된 홈스쿨링이 가능합니다.

길벗스쿨 공식 카페 〈기적의 공부방〉에서 확인하세요.
http://cafe.naver.com/gilbutschool